獻給我的父親和母親

邱陽・創巴仁波切

與

昆秋・巴登夫人

發現本初善

　　不久前，我在亞洲演講教授我的新書：中文版《心的導引》，我非常欣喜於許多說中文地區的人們都熱衷從事禪坐的修習——有的人是初學，其他人則是重溫教法。由於重新連結起他們固有豐富的修禪傳統，他們也同時連接到世界未來的可能性。未來的世代裡，禪修將是最基本的一件事，因為擁有一顆平和的心的能力，以及發現我們的本初善，正是使我們的家庭和社會幸福快樂的鎖鑰。

　　我祈願我們所有的修行皆圓滿成就，並且能利益一切眾生。願智慧和慈悲的加持護佑與諸位同在。

薩姜米龐仁波切
二〇〇五年七月

目次

【致謝文】

最可貴的聯繫

我感謝我的父親、老師,也是我最好的朋友——持明
(Vidyadhara)① 邱陽·創巴仁波切(Chögyam Trungpa Rinpoche)②;
以及尊貴的頂果欽哲仁波切(Dilgo Khyentse Rinpoche)③,他們
的指導與激勵,使我度過那些具挑戰性的時光。感謝尊貴的
貝諾仁波切(Penor Rinpoche)④ 完全的支持與祝福;堪布
(Khenpo)⑤ 南朵(Namdrol)的教導與智慧;沛賈(Pegyal)喇嘛、
洛本瑞瓊(Löppon Rechung)、洛本噶旺(Löppon Gawang)的支
持與熱忱。

感謝大衛·夏奈德(David Schneider)與他深具原創性的鼓
勵;桑慕爾·貝周茲(Samuel Bercholz)與強納森·格林
(Jonathan Green)的勸告;喬·史派勒(Joe Spieler)在過程中的協
助;艾美·赫茲(Amy Hertz)的洞察力、活力與耐心;佩瑪·
丘卓(Pema Chödrön)為本書作序。

感謝盧卡斯·代雷(Lucas Dayley)、摩利·麥魁(Molly
McCue)、茱蒂絲·奧露(Judith Outlaw)與羅絲·泰勒(Rose
Taylor)的友誼與支持。我更要感激所有多年來謄寫與編輯我
的談話的人。

我感謝馬克·布特(Mark Butler)、威爾斯·克里斯提(Wells
Christie)、傑夫·孔(Jeff Cohn)與珍·卡本特·孔(Jane
Carpenter Cohn)、尼爾·格林伯格(Neal Greenberg)、詹姆斯

(James)與夏隆‧侯格蘭(Sharon Hoagland)的慷慨與勇敢。

　　特別感謝艾美‧芭佳肯恩(Amy Bajakian)，她提供自己的家，讓我隨時可以去工作。 我也感謝道格拉斯‧安德森(Douglas Anderson)、貝瑞‧布伊思(Barry Boyce)、大衛‧布朗(David Brown)、迪納‧布朗(Dinah Brown)、大衛‧庫克(David Cook)、蘇珊‧德瑞爾(Susan Dreier)、大衛‧艾勒頓(David Ellerton)、約瑟‧格林姆斯(Jesse Grimes)、理查‧哈特曼(Richard Hartman)、凱文‧侯格蘭(Kevin Hoagland)、諾爾‧麥雷倫(Noel McLellan)、喬‧毛理秀(Joe Mauricio)、約翰‧杉豪瑟(John Sennhauser)、肯‧蘇斯曼(Ken Sussman)與馬克‧托佩(Mark Thorpe)等人的支持。

　　我尤其要感謝的，還有艾蜜莉‧包爾(Emily Bower)與伊麗莎白‧蒙森(Elizabeth Monson)，他們不疲不厭、無限期的協助；馬克‧馬托瑟 (Mark Matousek)的善意與辛苦的工作；朱雷‧雷文森(Jules Levinson)的勸告、洞見、持續的支持與鼓勵；亞當‧羅貝(Adam Lobel)的鼓勵與熱忱。我感謝艾蜜莉‧希柏恩‧謝爾(Emily Hilburn Sell)，因為幸運的巧合，我們在最正確的時間與地點相遇，若缺少這樣的聯繫，這本書就無法完成。

譯註

① 持明（Vidyadhara）：意指學識或內證的持有者，也就是在金剛乘佛法上有偉大成就的上師。

② 邱陽‧創巴仁波切（Chögyam Trungpa Rinpoche, 1939-1987）：是將佛法帶入美國的先驅者。一九六七年在蘇格蘭創立「桑耶林中心」，是西方世界首座藏傳佛法修行中心。一九七四年在美國設立「那洛巴佛大學」；一九七六年創設「香巴拉」訓練。著有《東方大日》（橡樹林出版）。

③ 頂果欽哲仁波切（Dilgo Khyentse Rinpoche, 1910-1991）：藏傳佛教最古老的寧瑪派欽哲傳承的轉世者、大手印與大圓滿傳承最偉大的導師，也是達賴喇嘛的重要上師。他在不丹、印度和西方國家創設了許多佛法中心，並重建雪謙寺。詳見《頂果欽哲法王傳》（橡樹林出版）。

④ 貝諾仁波切（Penor Rinpoche, 1932-）：寧瑪派白玉傳承（Palyul Lineage）的第十一代法座持有者，是藏傳佛教最重要的大師之一。最近幾年他常到印度、尼泊爾、西藏以及亞洲其他地區和西方國家弘法。

⑤ 堪布（Khenpo）：即「掌教」，藏傳佛教寺院制度的等級之一，是寺院具體事務的最高負責者。由各寺院僧侶中佛學造詣最高、資歷最老，並有相當管理經驗者擔任。堪布的宗教地位僅次於活佛，但在各重大佛事活動中，即使活佛親臨法壇，堪布仍為活動主持。任期一般為三年。

佛教與香巴拉的最佳傳承

　　多年前，在科羅拉多州的博得市(Boulder)，我初次見到薩姜米龐仁波切，那是經由他的父親、我的老師持明邱陽・創巴仁波切的因緣所促成。他和薩姜的母親昆秋・巴登(Lady Kunchok Palden)夫人，於一九五九年中國入侵西藏時，歷盡艱辛，輾轉逃往印度，成為流亡的難民。

　　創巴仁波切是蘇芒寺(Surmang monasteries)的住持，這是從勇士國王格薩王(Gesar)①的傳承而來，格薩王是香巴拉(Shambhala)②法教中的關鍵人物。在薩姜米龐仁波切出生前，他的父親即已預知他是個非常特殊的小孩，雖然早年時期會很艱困，但將來必能成為一位偉大的老師。

　　於是，他便要求昆秋女士到印度境內的聖地朝聖，以祝福這個尚未出生的孩子。當這位母親到達當年佛陀的證悟之地——菩提迦耶(Bodhgaya)時，薩姜顯然決定在此時降臨人世，所以，他便在一九六二年的十二月，出生於這塊佛教歷史上最殊勝的聖地。

　　幼年時期，薩姜米龐跟著母親在印度西北的西藏難民村度過，八歲時才到西方與父親會合。在薩姜的青少年時期，我應其父的要求，成為他的禪修老師。如今回首往事，我才明白，這是老師刻意要加深我跟他兒子之間的情感聯繫，所做的安排。我每週都會與薩姜碰面，一起討論他的禪修進度。

短短幾個月後，我發現彼此的角色扮演已然轉變，這位年輕的薩姜已開始反過來教導我了。

當時那份互動關係，在經過這些年後，已變得更加深厚。此時，我親眼看著這位略顯內斂沉默的青年，茁壯成長為一位勇敢、自信且睿智的老師，為他遍布世界各地的學生們，帶來極大的利益。

一九七九年時，創巴仁波切私下為薩姜灌頂，準備讓他繼承法嗣，而且比以前更密集地訓練和教導他。在這件大事舉行前不久，仁波切對我說：「妳不會把我的兒子訓練成一個比丘吧？因為我替他的人生規畫了不同的藍圖。」

一九八七年，創巴仁波切去世之後，這些計畫開始逐步實現，薩姜米龐仁波切也接任父親創巴仁波切所創立的「香巴拉佛教社區」(Shambhala Buddhist community)。不久之後，他即被貝諾仁波切認證為第十九世紀的禪修大師與學者、藏傳佛教最著名的上師之一——米龐·蔣揚·嘉措(Mipham Jamyang Gyatso)③的轉世。同時，又被任命為「薩姜」(Sakyong)，意思是「大地怙主」(earth-protector)，這是香巴拉傳承的最高領袖。

經過多年的西方教育，以及他父親所給予的精神訓練，如今薩姜又回到亞洲更進一步鍛鍊自己的禪修，並接受兩位藏傳佛教最偉大上師——頂果欽哲仁波切與貝諾仁波切的教導。他能如此自然地又開始說藏語，並融入西藏人的思考方式，我覺得這點非常了不起。有一天我問他，為什麼這些看來深奧難懂的佛理，對他而言竟如此輕易就能理解？他說：

「它們是這麼地熟悉，彷彿我只是又憶起這一切而已。」如今，他每年都會回到印度，他說研讀這些經典是他生命中最快樂的事。

薩姜這位老師具有不凡的能力，能融會貫通藏傳佛教的精義，然後再以淺顯易懂而又活潑生動的方式呈現，直接觸動西方人士的心靈和需求。此外，他這份弘法的熱忱極具感染力。身為完全優游於西方文化與西藏思惟模式的人物，他能很輕易地，同時也責無旁貸地擔任起東西方文化的橋樑。

二〇〇一年，薩姜米龐初次回到西藏，受到數千名百姓的熱烈歡迎，不僅因為他目前的身分是「薩姜」與米龐仁波切的轉世，更由於他是佛教充滿生命力的最佳證明。他又回到父親的故鄉，延續其遺志，有許多民眾前來，聚在一起聆聽他的開示。

本書是薩姜米龐傳道之旅最理想的進階，此書引介他到對傳統的修心法門有全然需求的這個世界，同時，這也正是他所展授的教法。薩姜教法的美善之處在於，它結合兩種教法的傳承：佛教與香巴拉——以了解人性本初善為基礎的靈性勇士。薩姜米龐詳細地告訴我們，如何透過坐禪的修行，來培養勇敢的心靈，而禪坐正是勇士菩薩的自然坐姿。

薩姜本身是個騎術精湛的馬術家，在書中，他也以馴服野馬為例，巧妙地比喻整個調心的過程。他慷慨地與讀者分享在這種嚴厲的練習過程中，可能會遭遇到的各種障礙，並詳述歷來藏傳和印度禪修者所提出的各種傳統對治障礙之道。

此外，薩姜米龐也教導讀者觀禪，這方法能使我們的洞察

力更加敏銳，並培養智慧。當我們了解實相的本質，觀禪能為生命的喜悅提供更多條件。他特別強調喚起菩提心——醒覺的心——的修行，透過這種覺悟的方式，我們開始體驗自己偉大的勇士精神。

很難相信，多年前碰到的那個男孩，如今已成為我學習取法的對象——一個精力充沛，又具震撼力的老師。不過，從未改變的是他臉上燦爛又帶點淘氣的笑容。當這位年輕人對我微笑時，我立即感受到與他之間的那份愛以及強烈的連結，這份感覺從未改變過。

他的教法終於能跟廣大的讀者分享，這實在是件美妙的事，我堅信凡是讀過本書的人，均能獲益無窮。我非常欣喜，這本書完全包含了我的心靈之友和寶貴老師——薩姜米龐仁波切那澄澈又精晰的智慧。

佩瑪・丘卓

譯註

① 格薩王(Gesar)：據說是七或八世紀的一位偉大的武士、國王，生於西藏東北部，其傳奇生平與豐功偉業在西藏文獻史詩中占有相當重要的地位。詳見香巴拉(Shambhala)出版社印行的《格薩王的傳奇故事》(*The Superhuman Life of Gesar of Ling*)。

② 香巴拉(Shambhala)：古王國，傳說中神奇地隱藏在西藏和蒙古北方，直到「佛教最後的戰爭」來臨時才會現出的戰場。一般認為，香巴拉國王由釋迦牟尼佛獲得《時輪金剛密續》(Kalachakra Tantra)的法教，且香巴拉王國至今還普遍地修持此法。二十世紀初，頗為西方著迷的香格里拉理想，原型就是香巴拉神話。

③ 米龐・蔣揚・嘉措(Mipham Jamyang Gyatso)：詳見本書【傳承世系】，頁19。

心是你的最佳盟友

　　我在世界各地教導禪修時，曾碰到許多人問我，到底什麼是滿足與快樂。許多人會認為我們已離鄉背井，猶如失根的蘭花，在心靈上多少有飄泊無依之感。這種流離失所的影響極為深遠，它的代價是心理上的創痛、攻擊性的行為，以及對於實相本質的無盡迷惑。對於許多人而言，人生並非邁向覺醒之路。在香巴拉佛教傳統中，我們將這種情況稱為「黑暗時期」。

　　正因為面對黑暗時期，我們轉而尋求精神上的法教，希望能找到幫助自己的東西。但踏上修道之旅，並不僅是面對困難時期的方法，還意謂著我們藉此而發現：生而為人所具有的獨特且珍貴的能力。它是在任何環境中，都得以展現的一種自然生活方式，而非只是讓人感到比較舒服的方法而已。我們內在都潛藏著種子，也都想讓它們滋長，所以會熱切地追尋生命更深刻的意義。

　　我在教導禪修時，人們經常問我問題，期盼能聽到某種祕傳的真理。他們似乎希望我告訴他們一個祕密，但我所知道最根本的祕密，是奠基在眾人都已具備的本初善(basic goodness)上。

　　儘管世界各地仍發生各種極悲慘和嚴酷的事，但萬事萬物的根本仍然是完全的純淨和良善。我們的心天生就是覺醒的，這是一種全然完整的本具良善，它包含了一切。但在我

們開始展開轉化自己為覺醒者的冒險之前——離追求真正喜悅和快樂的生活還有一大段距離，我們必須親自去發現這祕密，然後才有培養勇氣的真正可能，生命由此才能對他人散放出愛和慈悲。

我的父親、老師——邱陽‧創巴仁波切，正是將藏傳佛教引介到西方的先驅者。他也介紹香巴拉的法教，香巴拉是個傳說中的覺悟社會。佛陀親授這些佛法給香巴拉的第一位國王，據說從此以後，香巴拉王國的每個人都開始禪修，並透過愛和慈悲來關心別人。於是，香巴拉成為一個和平、繁榮之地，統治者和臣民都同樣睿智而仁慈。

沒有人知道香巴拉王國是否仍存在於世間，但若我們相信它存在於每個人心中那份覺醒和明智穩健的根源裡，那麼，它就能在個人和社會整體的層面上，激勵我們。我們藉由發現自身的本初善，以邁入香巴拉國度，然後才能培養愛和慈悲。第一步是透過禪修來調伏自己的心，面對生命的艱困處境時，禪定的心會是你的最佳盟友。

薩姜米龐仁波切

　　薩姜蔣貢・米龐(The Sakyong, Jamgön Mipham)仁波切從小成長於東方與西方，兩地都有他的學生，在這兩個世界的溝通融合中，他扮演著殊勝的角色。雖然他是位西藏喇嘛，並持有家族傳承，但他並非出家比丘。他有個位於加拿大新斯高沙省(Nova Scotia)首府哈里法克斯(Halifax)的家，是「香巴拉」組織的總部，而他則是這個由禪修閉關中心組成的全球網路的精神導師。

　　薩姜米龐仁波切在藏曆水虎年(1962)誕生於印度的菩提迦耶，出生時名為宇色・冉卓・木克坡(Ösel Rangdröl Mukpo)。他是家中的長子，父親持明邱陽・創巴仁波切是地位很高的西藏喇嘛，一九五九年離開他的國家，對傳揚佛法到西方貢獻良多。

　　宇色・冉卓早年與母親昆秋・巴登夫人，同住在印度西北部的西藏難民村中。七歲時，前往位於蘇格蘭的「桑耶林禪修中心」(Samyê Ling Meditation Centre)與父親同住。一九七一年，他搬到美國科羅拉多州的博得市與父親、繼母戴安娜・木克坡(Diana Mukpo)同住，他在這裡持續修習佛法，並同時接受西方教育。此外，他也開始修學日本射箭術、書法、花藝、茶道、馬術等各種禪觀藝術。

　　一九七八年，創巴仁波切舉辦了一場陞座大典，授予宇

色・冉卓「薩旺」(Sawang)法號，意指「大地聖尊」(Earth Lord)。同時立薩旺為法嗣，主要目的是為了弘揚傳說中的香巴拉聖境教法。此一入世的傳承強調眾生本具的善性，並教導如何以智慧與慈悲為本，實踐大無畏的勇士精神，其基礎是實修。據說香巴拉的首位君王曾直接領受佛陀的傳法，香巴拉法脈則是經由創巴仁波切的木克坡家族一脈傳承下來。創巴仁波切本身是一位「薩姜」(Sakyong)，這法號意指「大地怙主」或「法王」。

創巴仁波切了解其子有一天也將成為「薩姜」，所以薩旺在他的緊密指導下，持續相關的訓練。薩旺也曾從第十六世嘉華・噶瑪巴(Gyalwa Karmapa)、天噶(Tenga)仁波切、卡盧(Kalu)仁波切、祖古(Tülku)[①]烏金(Urgyen)尊者、寧瑪傳承的貝諾仁波切等，多位藏傳佛教噶瑪噶舉與寧瑪傳承的偉大上師處，接受許多傳法與灌頂。偉大的寧瑪傳承上師頂果欽哲仁波切，則如其第二位父親，薩旺在其父圓寂後曾搬往尼泊爾，跟隨頂果欽哲仁波切研修過許多年，並領受他的傳法與灌頂。

一九九〇年，薩旺開始在北美、南美與歐洲各地弘法，並同時繼續他個人的禪修與研習。

一九九二年，薩旺宣布成立總組織「香巴拉」，以便領導創巴仁波切所設立的許多團體，並統籌這些道場的活動。「香巴拉」包括：（一）金剛界(Vajradhatu)[②]：這是傳統佛法的修行之道；（二）香巴拉訓練(Shambhala Training)[③]：內容是和禪修、勇士精神有關的世間課程；（三）那爛陀基金

會(Nalanda Foundation)：負責社教、藝術等相關活動。這個由市區禪修中心和鄉間閉關中心構成的全球網路，還包括位於科羅拉多州博得市的那洛巴大學(Naropa University)。

一九九五年，薩旺被正式授予「薩姜」法座，成為香巴拉精神與世俗方面的導師。貝諾仁波切主持了薩姜的陞座大典，在此之前，創巴仁波切已曾在同樣的儀式中被賦與過此一聖座。貝諾仁波切在坐床大典中，認證薩旺是十九世紀西藏備受尊崇的大修行者兼學者——米龐‧蔣揚‧南嘉(Mipham Jamyang Namgyal)的轉世，並授予他「薩姜」法號。

「薩姜」是「大地怙主」，他啟發個人與整個社會的聖覺，讓我們想要去關懷其他眾生，並使人人本具的良善覺醒。此一陞座使薩姜米龐仁波切堅定了他的畢生誓願，決心與其他人一起奮鬥，共同為創造一個覺悟的社會而努力。

一九九六年，薩姜開始選任一群阿闍黎(acharya)④，這些資深的學員都是具格的老師，可以開示佛法、接受皈依、傳授菩薩戒，以及在世界各地主持其他各種法會。他們以團體的力量奉獻自己，致力於弘揚香巴拉佛教的教法。

二○○一年，薩姜首次造訪西藏，參加母親昆秋‧巴登夫人出席的一個聚會。他在此受到成千上萬的群眾祝賀，不僅因為他是現任的「薩姜」與米龐的轉世，也因為他是佛法常住在世的活生生示現，在飄泊異鄉多年後，終於回到其父於一九五九年被迫離開的西藏故土。不計其數的信眾群聚在一起，聆聽他的開示並接受加持。目前，他正透過「昆秋基金會」為西藏的學校與孤兒院募款。

薩姜返回北美之後，主持科羅拉多州「香巴拉山禪修閉關中心」(Shambhala Mountain Center)⑤的「法身大佛塔」開光大典。佛塔是一種傳統的神聖建築，代表已證悟的佛心，也是涅槃的象徵。在建造一座佛塔的後續過程中，需要規畫許多繁複精確的傳統細節。大佛塔工程在薩姜的指導下，於一九八八年開始動工，這是為了紀念他父親多年來為了將佛法引介到北美，並教導西方人禪修所做的奉獻。一百零八英呎高的佛塔，在這片大陸上還是首見。（本文取材自：www.mipham.com，"Biography of Sakyong Mipham Rinpoche"一文，譯者：周銘賢）

譯註

① 祖古(Tülku)：意指「轉世者」或「化身」，是已證悟而能隨意自在化現於人間，利益眾生的修行者。

② 金剛界(Vajradhatu)：一九七三年由邱陽‧創巴仁波切所創設，特別強調日常生活中的見與實修的重要。它為各種程度的學員提供系列的教育、修行課程，主要是以藏傳佛教為本，但也包含禪宗和上座部的內容，特別強調正念與正知的修持，以漸進與有系統的方式加深學員對佛法的領悟和體驗。

③ 香巴拉訓練(Shambhala Training)：一九七六年由邱陽‧創巴仁波切所創設，是因香巴拉聖境而得到啟發的一系列禪觀課程，此訓練課程的宗旨是相信所有的人類不分種族、宗教，只要經由禪觀訓練以根除我執，就能開發出與生俱來的智慧與良善，進而創造如香巴拉的神聖淨土。

④ 阿闍黎(acharya)：印度對具有授業資格的一般學者的通稱。

⑤ 「香巴拉山禪修閉關中心」(Shambhala Mountain Center)：一九七一年由邱陽‧創巴仁波切所創立，位於美國科羅拉多州北部的一處山谷，是入門與進階的佛法修學中心，並提供其他團體或個人做為禪修閉關道場。

米龐‧蔣揚‧嘉措仁波切

　　米龐‧蔣揚‧嘉措(Mipham Jamyang Gyatso)於藏曆火馬年
(1846)出生在藏東康區的一個貴族家庭中。出生時名為米
龐‧嘉措(Mipham Gyatso)，意指「無敵海」(Unconquerable
Ocean)。其父是朱氏(Ju)宗族的醫生；母親可能屬於木克坡
(Mukpo)宗族。雙方家族都是歷任國王身邊有財勢的大臣。

　　十二歲時，米龐在雪謙寺(Shechen)①所屬的一所寺院〔多
年以後，薩姜米龐的父親持明邱陽‧創巴仁波切將在這裡與
他的雪謙上師蔣貢‧康楚(Jamgon Kongtrül)一同修學〕出家成
為沙彌。米龐‧嘉措因為天賦異秉而名聞遐邇，沒多久便擁
有「小比丘學者」的響亮名號。

　　十五、六歲時，米龐進行了一次長達一年以上的文殊師利
菩薩閉關。從此之後，據說他不必研習，就能了解一切佛法
的義理與世間的學問。傳說任何一門義理，只要經過一次闡
釋的簡單閱讀傳承，他就能了然於胸。許多上師都測驗過
他，而他也一再證明了自己這項天賦。

　　一八六三年，米龐十七歲時，由於西藏中部的西藏政府和
東部康區的幾個王國之間的緊張情勢升高，瞻對戰事(Nyag
war)②爆發。拉薩政權最後由格魯派主導。此一衝突與康區

的長期不穩定，催生了將噶舉、寧瑪、薩迦等各派大師結合在一起的利美運動(Rime movement)③，而米龐仁波切則成為這個不分教派運動的中心人物。

由於戰火不斷，米龐與其他許多僧眾被迫跋涉前往西藏東北部的果洛(Golok)。此一遷徙開始了米龐一生的旅程，因為有其家族與各界贊助人的資助，使他能旅行各地接受傳法或閉關。

十八、九歲時，米龐與叔父前往拉薩朝聖。期間他曾在甘丹寺(Ganden Monastery)④的某一所義理學院研修過一個月。旅程中，遇見了他的根本上師帕楚仁波切(Paltrul Rinpoche)⑤與宗薩蔣揚‧欽哲‧旺波(Jamyang Khyentse Wanpo)⑥。兩位上師都投入了利美運動，但同屬寧瑪傳承。這段期間，他投入許多心力從他們與其他上師處領受傳法與灌頂。由於政治局勢不穩，許多人感到有必要集結並闡明這些教法，以便將它們保存起來留傳後世。因此，米龐的上師要求他著手撰寫論典，以闡明寧瑪派的法義。

米龐以一己之力復興寧瑪派的教法，被公認是此一古老傳承最重要的三位大師之一〔另外兩位是榮宗‧班智達(Rongzom Pandita)⑦和龍欽巴(Longchenpa)⑧〕。他成為大圓滿見(the view of Dzogchen)⑨的大辯護師，曾與無數的格魯派學者展開辯論。有些格魯派學者極力反對他的見解，有些人被他駁倒，有些人則與他達成智性上的共識。他透過信件與他的辯經對手保持聯絡，並與他們進行現場辯論，無法駁倒的辯經大師之美譽使他聲名遠播。

米龐寫下了無數世間法、大乘佛法經教、辯證義理、密續方面的註疏，也著述許多自己的論釋，有大量的作品問世。據說他能整天禪修，並在飲茶休息時間寫出多本傑作。他的著作還包括許多香巴拉聖境的教法，也編寫過著名的格薩王史詩。但他不僅僅只是學者和作家，也是位以證量⑩聞名的大修行者。他一生中經常長期閉關修行，其中有次長達十三年，在那次閉關期間，他專注於修持本尊「文殊師利菩薩／大威德金剛(Yamantaka)⑪」的圓滿次第。他也精通修心與立斷(trekcho)⑫、頓超(thogyel)⑬這兩種大圓滿修行法門。

米龐後來成為全西藏最富盛名的喇嘛之一，吸引了無數弟子追隨，其中許多人後來成為著名的傳承持有者。但儘管名氣愈來愈響亮，但他從未建立自己的道場或積聚大筆的地產，他只專注於自己的修行、傳法與寫作。雖然從未參與政治，但他的某些學生卻相當具有政治影響力，甚至著述論典大談治國之道。

有許多與米龐的證悟跡象有關的故事流傳於民間。據說他曾將山岳化為微塵，並降服凶惡的盜匪。有些米龐的論疏，被認定是伏藏教法(treasure-teachings)⑭。他的上師們把自己的班智達帽(pandit hat)賜給他，並宣布他是所有這些教法的護法。每個地方的人，都將他視為文殊師利菩薩的化身。

晚年的米龐，曾在襁褓中的頂果欽哲仁波切（後來成為薩姜米龐仁波切的上師之一）的舌面上寫下文殊師利菩薩的種子字⑮「第」⑯。曾有一次，謠傳中國即將入侵，他告訴侍者說：「如果我將成為野蠻人剋星的最高統帥──立典王朝

的忿怒神武輪王(the Rigden King Wrathful One with Iron Wheel)
⑰，那麼這種危機應該讓我來化解。我們等著瞧！」米龐說
這些話當時所在的地區，後來中國軍隊始終沒能越雷池一
步。

米龐仁波切成年後的大部分歲月，都在器官疾病的巨大痛
苦中度過。當此病苦終於吞噬他時，他預言了自己的死亡，
並展開最後一次的說法。他以闡釋的方式傳授吉祥的香巴拉
密法《時輪金剛密續》(Kalachakra Tantra)。米龐於一九一二
年圓寂，離開人世前，他曾告訴弟子將不會轉世，因為他將
往生香巴拉淨土。

米龐仁波切是寧瑪派所有寺院、佛學院，與其他傳承道場
的中心人物，他在朱谷(Ju Valley)地區與果洛全境，特別受到
尊崇。愈來愈多的學者聽聞他與薩姜米龐仁波切的教法，使
其聲名傳揚於西方各地。

〔本文取材自昆桑・巴登(Kunzang Palden)的〈聖僧傳精
華〉(Essential Hagiography)，收錄於《定解寶燈論》(*The
Beacon of Certainty*)，由約翰・惠特尼・培提(John Whitney
Petit)英譯，智慧出版社(Wisdom Publications)1999年出版。本
文譯者：周銘賢〕

譯註

① 雪謙寺(Shechen)：一六九五年，由冉江‧天佩‧堅贊(Rabjam Tenpai Gyaltsen)奉第五世達賴喇嘛之命，在康區建立的寧瑪派寺院，後成為寧瑪傳承的六大主寺之一，約有一百六十座分寺，中國入侵西藏時被夷為平地。頂果欽哲仁波切重返西藏後著手重建，目前已重建了雪謙主寺和三十所分寺。

② 瞻對戰事(Nyag war)：第十二世達賴喇嘛在位時，瞻對地區所發生的紛爭。藏人稱「瞻對」為「年榮」(Nyag Rong)，今四川甘孜州新龍縣。

③ 利美運動(Rime movement)：藏傳佛教由於歷史與地域等因素的影響，派別林立，無法和諧相處。十九世紀，西康的三位大師——宗薩蔣揚‧欽哲‧旺波仁波切、蔣貢‧康楚仁波切與蔣揚‧羅迭‧旺波有鑑於此，所以推動「不分教派運動」（利美運動），其目的在反對宗派門戶之見所引起的宗教論諍與迫害，所以產生一個超越教派，尋求調和與容忍的運動。

④ 甘丹寺(Ganden Monastery)：宗喀巴於十五世紀在拉薩東方創建的寺院，是格魯派的濫觴。

⑤ 帕楚仁波切(Paltrul Rinpoche, 1808-1887)：十九世紀西藏最著名的佛學大師與大修行者之一，童年時期即被認定是印度寂天菩薩的化身，寫下了許多對寧瑪派與西藏影響深遠的作品。頂果欽哲仁波切譽其為大圓滿見、修、行實踐者的完美典範。

⑥ 宗薩蔣揚‧欽哲‧旺波(Jamyang Khyentse Wanpo, 1820-1892)：十九世紀最偉大的上師之一，曾從一百五十位上師授法，修學過約七百部典籍。他的講述由蔣貢康楚仁波切寫成《大寶伏藏》、《所知法遍佈》、《教授藏》、《噶舉語藏》、《廣大教敕》等五部大藏，是推動不分教派運動的三大伏藏師之一。

⑦ 榮宗‧班智達(Rongzom Pandita)：十一世紀的大圓滿大師。十一歲時，任何教法只要一經聽聞就能記住，因此被視為文殊菩薩的化身。他一生中擁有許多弟子，許多支脈都是源自他所發展出來的教法系統。

⑧ 龍欽巴(Longchenpa, 1308-1364)：被尊為繼蓮華生大士之後的「第二佛」，是寧瑪派的法王，深受藏傳佛教四大教派的尊崇。他的著作集各派大成，包羅萬象，一生大約有二百五十部的作品，其中最重要的就是《龍欽七寶藏》(Seven Treasuries)，是寧瑪派最高心法大圓滿法的重要傳承依據。

⑨ 大圓滿見(the view of Dzogchen)：大圓滿法門視萬法本來清淨，我們的本性本來就已自我圓滿，且與諸佛的本性無二無別，這是「根」，不同的只是諸佛因認證本性而覺悟，眾生因不識本性而迷惑，所以需要遵循教法修行（「道」），才能證悟本性而解脫成佛（「果」）。

⑩ 證量：即修行、證悟上的成就。

⑪ 大威德金剛(Yamantaka)：又稱怖畏金剛、閻魔敵等，是無上瑜伽部父續的主要本尊之一，為文殊菩薩的忿怒相。

⑫ 立斷(trekcho)：立斷是大圓滿「空」的部分。由心從何處生、住於何處、去往何方等三方面觀察，知道心無來處、無去處、不生不滅，立刻斷除煩惱而得「空」的境界，其成就為虹光身。

⑬ 頓超(thogyel)：頓超是大圓滿「任運」的部分。「頓」是頓悟，「超」是超越，是最高、最快速成就的法門。修此法門，智慧高者一天或當下就會成就虹光身；智慧低者，二十幾天會成就。但一定要有立斷與前行的基礎，根除所有執著，然後修「頓超」法門進入光明界。

⑭ 伏藏教法(treasure-teachings，即terma)：即由蓮花生大士以神通力封藏於空中、水中、岩洞與重要弟子心中，等待日後由伏藏師發掘的經論、教法或其他法寶。詳見《頂果欽哲法王傳》（橡樹林出版），頁16-21。

⑮ 種子字：每一尊佛與某一個梵文字相連，那個字就是那尊佛相關咒語的濃縮形式。當我們觀想一尊佛時，開始必須先觀想這個字，這個字化成光，然後轉化成佛本身，於是稱為「種子字」。

⑯ 「第」：文殊菩薩的咒語有一字、五字、六字與八字咒。較為普遍的是文殊五字咒「唵阿拉巴紮那第」，「第」即為咒輪中心的種子字。圖見《頂果欽哲法王傳》（橡樹林出版），頁34。

⑰ 忿怒神武輪王(the Rigden King Wrathful One with Iron Wheel)：根據香巴拉傳說，人類社會的物質主義會日趨惡化，而由邪惡之王所統治，屆時香巴拉聖境將自雲霧中顯現，香巴拉君王魯札‧卡克林(Rudra Cakrin，即忿怒神武輪王)將領軍擊敗邪惡之王，佛法將因而再度弘傳於全世界。

第一部

為何要禪修？

第一章 ▋ 在岩地上種花

許多人都是自己心靈的奴隸，我們的心是自己最強悍的敵人。我們想要專注，心卻到處飄盪。我們企圖把壓力掃到一邊，焦慮卻讓我們暗夜難眠。我們想善待心愛的人，到後來卻以自己的利益為優先。我們想改變生活時，便全心投入禪修，滿心期待很快能看到成果；然而，等到蜜月期消磨殆盡後，剩下的唯有滿懷惆悵。於是，我們又回到混亂的狀態，內心感到無盡的絕望和沮喪。

我們似乎都同意透過運動、飲食與放鬆，來鍛鍊身體是個好方法，但為什麼不去思考如何調伏自己的心呢？修鍊自己的心與情緒，對於我們從事任何活動都有助益，例如運動、做生意或念書，無不如此。

馬兒知道你在打什麼主意

我有很長的時間都在騎馬，我很愛馬。在騎馬時，必須保持清醒，並覺察自己每一刻的動作。馬兒是有生命的，牠期盼溝通，你必須注意牠心情的變化，任何踰矩的舉動，都可能帶來危險。

有一回，我跟朋友待在科羅拉多州，我騎著自己最喜愛的馬兒洛基，走在鄉間某條荒野小徑上。我以前騎過洛基，大部分是在跑馬場內，牠非常聰明，但此時是走在荒山小徑

中。這是個全新的情況，我是引領牠的人，這也使得牠有點緊張。我誘哄牠避開某些岩石，並運用不同的力道指引牠繞過其他石塊，但牠一路上老是踉蹌而行。

　　我們走到荒徑的一處狹路邊，一邊是陡峭的泥板岩懸崖，另一邊則是落差很大的急流。洛基停下步伐，等待我的指示。我們倆都明白，只要腳底下稍有不慎，就會直接墜入河谷。我引領牠朝向峽谷走去，一面將自己的重心往陡峻的岩壁靠過去。我心裡盤算著，若牠不慎失足，我還能縱身躍下，保住自己一命。

　　就在我移動身體的那一瞬間，洛基猛然停下腳步，並伸長脖子，轉頭望著我。他非常清楚我在做什麼，我看得出來，牠對於我打算在生死關頭棄牠於不顧，感到震驚和受傷。牠的眼神似乎在說：「咱們倆是生死與共的，對吧？」看著如此驚恐的眼神，我不覺地又把身體的重心挪移回去，牠這才如釋重負地轉頭望向前方。最後，我們終於有驚無險，安然地度過棧道。

以「寧靜的安住」來調伏自己的心

　　洛基和我在那個旅程中，創造了一種互相依賴的密切連結感，一種無以名之的和諧關係。我認為我們都能在心中產生那份連結，在修止(shamatha)──「寧靜的安住」中，我們調伏自己的心，使它安住於穩定、清明與力量之中。

　　透過這種最基本的禪坐，我們發現自己能寧靜地安住，明

白內在這份自在的寧靜，是踏上任何修道之旅的基礎，是有勇氣尋求生命真正快樂的人，皆須具備的入門功夫，這是成佛的第一步。而「佛陀」在梵文即意指「覺悟的人」。每個人都具有潛能，能讓自己從昏昧無明中覺醒，進而體悟實相的真理。

藉由「寧靜的安住」來調伏心，能讓我們真正與心結為盟友，運用心而不為它所支配，這種方法任何人都可嘗試練習。止禪雖源於佛教，但也能輔助其他的修行傳統。若我們想要消除自己內心的迷惑與痛苦，並有益於他人與世界，那麼不論抱持何種信仰，都應當努力學習，以了解心的真面目和運作方式。一旦我們理解自己的心如何運作，就會明白生命是如何運作的了，這種見解將徹底改變我們。

這正是討論心與禪修的關鍵。我們對自己和心的運作方式了解愈多，心能發揮的功用也就愈大。藏文的 lesu rungwa 表示心是能起作用的，我父親有時習慣將它譯為「可操作的」，它表示我們可以調伏自己的心，將它運用在某些特殊的事物上，就如我們想要產生慈悲與愛，調伏心便能產生此等功效。

在岩地上種花

有句古諺說，將佛教融入某個新文化裡，猶如將花朵與岩石混合在一起。花朵代表人類具有的慈悲與智慧，以及清明和喜悅在生命中綻放的潛能，岩石則代表了迷惑的心的冥頑

本質。

如果我們希望慈悲之花能生根茁壯，就必須努力創造有利的條件。不論是對於個人，或以追求舒適為最高目的的民族而言，完成這件事的方法，在於讓自己的心、理智與生命都柔軟下來。真正的幸福快樂永遠是我們可以獲得的，但首先必須要創造一個能讓快樂滋長的環境。

我們或許具備深刻的決心，願意耐心地追求，也希望自己更具慈悲心和大無畏的精神，並帶著信心與尊嚴地活著，但往往在過程中，因為過於僵化而無法做到。我們的心似乎缺乏彈性，雖然也會被花朵的柔軟所打動，但卻不知如何將這份柔美運用於心靈上。我們可能會覺得去愛，或感受慈悲的能力受到局限，並認為事物本來就是這個樣子。

大多數人的問題都在於，我們企圖在岩地上種花，但這座花園卻未獲得適當的開墾，我們還未調伏自己的心。若是在堅硬的土地上播灑種子，一心期盼花朵成長，那是沒有用的。我們必須先做整地的準備，這需要下點功夫，首先得搬走石塊、拔除雜草，然後還要鬆土以製造肥沃的表層土。這就是我們在禪坐中，學習寧靜地安住的目的：為繁花滿園創造成長的環境，然後就能培養各種讓生命大放異彩的特質。

一個充滿堅硬與頑固之心的社會，是個無法滋長愛與慈悲花朵的社會，這是黑暗時期的源頭。我們習慣質疑自己的良善與智慧，而當我們對這些事有所質疑時，就會開始運用表面上看來更方便的法門，來處理自己的問題。我們愈來愈不習慣運用愛與慈悲，反而習於使用侵略的方式。

騎乘於風馬之上

所以，我們要不斷地提醒自己本然具有的本初善，如果我們想減輕地球上的痛苦，而貢獻一己的心力，那麼，我們當中那些能讓心柔軟下來的人，必須在岩地上種花。如此一來，我們才能創造出祥和的社會，它是基於人類體驗到自身本善所獲得的能量，藏文稱之為 lungta——「風馬」(wind-horse)。

重要的是，去審視什麼能真正對心起作用，是什麼激勵人們去禪修、研究，並將教法付諸實踐。身為終生禪修的學生，我對這種修道之旅的廣大甚深有了極深的崇敬。人們會將哪些教法真正運用到生命中？會如何教導他人了解佛陀這樣的大覺悟者？我對他們所需要傳達的深奧訊息，感到十分有興趣。我很感激上師們將這些教法傳承給我，我也感激今日能有機會與諸位一起分享。

這些教法隨處可得，它就如空氣中的無線電波。但學生們必須學習將自己調整到那個頻率，彼此協調一致。我們可藉由每天數次短時間的禪修，從現在開始追求個人性靈上的開展。透過禪修來耕耘心田，是我們打造一座社區的心靈花園時，所踏出的第一步。這樣做有助於創造一種新文化，它不僅能興盛於現代世界，同時也能以一種活潑、激昂和喜悅的方式，幫助人們踏上修道之旅。

「覺悟的社會」，正是花朵與岩石將會相遇之處。

第二章 ■ 超越迷惑與痛苦

　　我的父母都出生於西藏，我則是在印度出生，直到西元二〇〇一年，才首度造訪父母的故鄉。

　　在這趟西藏之旅中，我行經世界上最遼闊、寬廣而美麗的土地。我們的車隊駛過群山峻嶺連綿圍繞的偏遠村落，通過一大片渺無人煙的土地。當然，這一路上都沒有廁所，我們只好沿路停車，就地解放。

　　不論我們身處之地多麼荒僻，在轉角處總是不期然會冒出個人影，然後就會有另一個人湊近，查看這群在村子出沒的陌生旅人。等我們杵在那兒超過一分鐘之後，大概全村子的人都已經聚攏過來，或咧嘴或微笑，盯著我們的交通工具瞧。我真不知道他們是打哪兒冒出來，又會消失到哪裡去。我心裡想：「他們是這地球上的居民嗎？」他們可能正要前往另一群犛牛聚居地，或遠方的寺廟，或只是移居到某個比較溫暖的地方。他們都各有其目的地。

尋找心靈失落的部分

　　那整個環境的單純性很明顯地呈現，這正是我們大多數人在做的事情：從這裡雲遊到那裡，只為尋找一份長久的快樂。虛空中有某種令人騷動的元素，我們不斷試圖平息它。我們想要找到某些東西，讓自己覺得舒適且有意義，可以拿

來當做永恆的參考點的東西。

　　智慧或許告訴我們,所追尋的事物永遠也無法尋獲,而我們之所以不斷尋覓,部分原因正是內心從未真正感到滿足。即使當我們感到非常快樂時,仍然有某種不可觸及的特質存在,就如努力擠壓一顆西瓜種子一樣。但是,依照傳統佛教的看法,人類雖隨著時間年復一年,甚至累世累劫地過去,依然無法超越對於眼前欲望的追求,無法真正覺醒去尋找心靈失落的部分——那個真正能帶給我們幸福的東西。

　　既然我是個佛教徒,佛陀就是我追求開悟的典範。他對於自身有著健全的觀念,且意志堅強,他是個溫柔、慈悲又心靈澄明的人,能與周遭環境和諧共處。他眼看這世界上有許多的痛苦,希望能奉獻己力救度眾生。在嘗試許多種不同的修行法門之後,他獲得了在禪修上所需要的毅力、信心與動力,身心全然安住於智慧之中。

　　佛陀便是如此了悟實相的奧義,並能永遠幫助他人體悟真理,他是位菩薩勇士——能培養內在慈悲與智慧,也有勇氣以開放的心過生活的人。他的修道之旅告訴世人,我們也能喚醒開放的心,並以此體悟生而為人的意義。

追尋生命意義的佛陀

　　佛陀身為太子,由於從小顯露求道的傾向,他的父親很早便決定,儘量別讓他接觸宮殿以外的世界。國王不希望見到自己的獨子向外尋求精神上的富足,雖然那在當時的印度是

極普遍的事。

　　於是，國王讓皇宮充斥極盡聲色之娛的活動，佛陀便在這種衣食無虞、沉浸於享樂的優渥環境中長大。年紀漸長之後，他身邊圍繞著舞姿曼妙的宮女，後來還娶了年輕貌美的皇后，並喜獲麟兒。有很長一段時間，他對宮牆外那個充滿疾苦的世界毫無所知。

　　直到有一天，他與僕役乘坐馬車外出，看見了各種生病、年老、死亡以及從事禁欲苦修的人們。這些景象完全顛覆他以往對世界的看法，令他再也無法心安理得地享受錦衣玉食的皇室生活，而那正是他父親想盡方法，以美好的生活來避免他接觸生命真相的世界。

　　於是，國王最擔憂的事情終於發生了，太子毅然地拋棄榮華富貴，離開了皇宮。太子無法滿足於虛幻的華麗表象，一心想要了解自己生命的意義，以及生命的本身。我們大部分的人就像佛陀一樣，也想更加了解自己的生命，並且以更宏觀的角度，掌握生命的面貌，而修行的道路正好提供了我們這種可能性。

接受生命的實相

　　佛陀所見到的生命顯示了四項特質：無常、苦、無我①與寧靜。他看見世人不斷抗拒人生的基本實相，結果卻只讓自己更陷入痛苦之中。因為人們所希望的生命與它的本然面貌不同，因為人們總想從痛苦的事物中汲取快樂，希望流動和

變幻不定的事物，能變得堅固永恆，因而感到痛苦不堪。

佛陀看見世人企圖讓人生變成真實和不變，然而，人存在的最基本狀態卻是「無我」的，也就是全然開放與無法掌握的。我們在禪修中發現「無我」，並在當中學習如何擺脫念頭與情緒的束縛，如此一來，對於生命的基本事實便能更加熟悉。一旦接受生命無常與無我的本質，就能離苦，從而獲得內心的寧靜。

簡而言之，這便是佛陀教法的精義。聽起來很簡單，但我們卻無法安住於這基本的真相，只是不斷地向外尋求，而永遠也無法得到想要的東西。以佛教的語言來說，就是「輪迴」（梵文samsara，藏文khorwa），意指「循環」(circular)。

輪迴是痛苦的循環，它就如輪子般無止盡地轉動下去。我們都在轉動自己的輪子，不斷地尋找某些東西，希望下次會變得更快樂。這段情感關係沒有成功，下一段會更好。這家餐館沒那麼棒，但菜單上的另一道菜或許能合我的胃口。上次禪修的效果不怎麼樣，更前面那回也不太好，但這次真的會有所不同了。於是，事情就這樣從某一件牽扯到另一件，我們非但未得到自己所渴望的單純與快樂，反而只感覺到生命的沈重。與其安住於與眾生相繫的本初善，我們深為心之幻妄變化所顯現的分離感所苦。

輪迴的本質就是痛苦

佛陀說：「輪迴的本質就是真正的痛苦。」我們可能連自

己生命中的痛苦都無法看清，部分歸因於我們已經太習慣痛苦的存在。若是透視表象的障蔽，我們便能發現痛苦猶如一條地底的暗流，不斷地滲出地表。不論是否承認痛苦的存在，我們都了解它就在那裡，而且還會在心理上隨時自我警惕，刻意去忽略它。如此反覆不斷，我們想要找到一個贏過輪迴的計策。

雖然明知道，這世間沒有任何東西能改變輪迴的基本性質，但我們仍不斷企圖讓計策得逞，且簡直是樂此不疲。這正是人類繼續在生死輪迴之間流浪的原因，我們就是這樣不斷地推動輪迴。

我們心想：「我知道那是無止盡的，那是很痛苦的。我了解你們說的，我相信你。但我還有件事放不下，就只有一件小事。」就算我們進了墳墓，還是會說這種話，那便是輪迴。「還有一件事」，正是人類陷入痛苦循環中的關鍵因素。

佛陀像是一位身遊宇宙的太空人，他清楚地看見痛苦是一個循環。我們會說「還有一件事」，就是由於還未看清真相的緣故，但佛陀看清楚了。我們活在幻象之中，以為生命是循著一條直線在進行。雖然地球是圓的，但只要我們踏在平地上，它似乎就是一個平面。世人自以為依循直線，勇往直前，實際上，我們是被困在無明痛苦的轉輪之中。

別把自己看得太重要

雖然感覺上像是客觀的實相，輪迴之苦其實只是心的一種

境況。例如說，我們總是認為大城市中的壞區就是所謂的「輪迴之地」，但是如果讓佛陀居住於其中，也許他並不會有同樣的感受。他只是如實地體驗事物，不會妄加任何論斷或意見。我們的心才是輪迴的根源。痛苦即是心將自身視為真實之一種狀態。

我們可能窮盡畢生之力，企圖創造出某種具體的、永恆的自我，或終生向外尋求能反映這類虛幻之物的東西，希望它能如同我們所期盼的那般既真實又永恆。儘管我們苦苦尋求，但它根本不存在，一切只是緣木求魚，不斷地尋求只會帶來痛苦。

佛陀看清我們陷於迷惑與痛苦中的真正原因，那是由於人類將自己看得太重要了。我們未曾看清本初善開放而明亮的光芒，也就是我們的本然狀態。

事實上，表面看來堅固的東西，本質卻是處於某種不斷變動的狀態。童年時期所住的那棟房子，已不再是原來的那棟。孩提時代所認識的父母，身體早已不同往昔。我們擁有的第一輛腳踏車，如今又在何處？雖然它曾是如此真實。

萬物總是隨著因緣聚合而又分離，除了人之外，這似乎是萬物皆能接受的事實。春天明白該如何循序進入夏天，而秋葉也知曉何時應該飄落。聚散只是時間與生命進行的呈現，這一切猶如我們的臉龐那般明顯。

然而，我們卻幻想自我是堅固的，且永存不變，緊抓這個想法不放，並護衛著它。當有人挑戰這執著的看法時，我們就會憤怒。如果事情的發展未能盡如己意，我們就覺得受到

侮辱。要是某件事妨礙了慣例時，我們便悵然若失。我們企圖避開任何衰老的徵兆。

堅實的自我到底在哪裡？

佛陀說：「我不會用任何一種方法來告訴你，但如果你是真實的，那麼你在何處？如果世界是真實的，那它又在哪裡？」佛教會談論到空性②，是因為當我們開始審視自己時，卻找不到任何堅固或實在的成分，某種自我感的存在，只不過是個幻影。

我們有眼睛與眼識——那是某種「我」的感覺；我們有觸覺與感受——那是某種「我」的感覺；我們擁有記憶、思想、行為和語言能力，這些全都加到這份「我」的感覺裡。我們擁有身體，以及伴隨身體而來的快樂與痛苦，這一切也都是「我」。

其實，這份自我的感覺是心理上虛構出來的，是由外在環境的條件所定義的。我們說：「我今天覺得不太對勁。」但當我們審視這個想要去感受的「自我」時，它在哪兒呢？周遭的世界也是如此，我們覺得萬物就如同它所呈現的那樣，但若能看到表象的背後，就會發現這個宇宙並非如它所呈現的那樣穩定。那些「遠在天邊」的星球上所發生的變化，也跟我們的一樣複雜。

如佛陀這樣的覺悟者，便是以這種的修持與探究生命的精神，學會以一種清明、不偏頗的態度來看待生命的風貌。當

佛陀剛開始說法時，只是如實地陳述自己所觀察到的事實：「這是我看到的事物實相。」他並未提出任何特別的看法，也未宣揚教條，只是向世人指出事情的本然面貌。

如果說無常是佛教徒的信念，就如說佛教徒相信水是溼的一樣。佛陀並未創造無常或無我，也未創造出痛苦或寧靜。他只是看清人生的實相，明白運作的法則，並為眾生指出這一切道理。我們可以窮盡畢生之力創造堅實的自我，卻無法讓它停駐片刻。一旦我們接受這份單純的真理，便能超越生命中的迷惑與痛苦。

那隻猴子就是耶穌基督？

最近我與一位西藏喇嘛朋友出現一段有趣的互動經驗。這是他第一次來到西方社會，我帶著他四處體驗異國的文化風情，過程中真是趣味橫生。他是個博學多聞的人，但在探索西方社會的發現之旅中，卻顯得非常天真。我帶他去看「鬼靈精」(The Grinch)這部電影，心想：就算他聽不懂片中所有英文對白，至少電影本身的聲光特效也能讓他大飽眼福，感到過癮。

我們一同觀賞這部影片，他似乎也滿喜歡的。看完後，我問他是否看得懂。他回答說：「我只是有個疑問，什麼是聖誕節？」我回答說，那是慶祝耶穌基督誕生的節日。於是，他以一種非常尊敬的口吻說道：「所以，片中那隻綠色猴子就是耶穌基督囉？」

我聽完後大笑不已，尤其是因為他的態度如此恭敬。我知道他的問題聽起來極為怪異，但這卻是個極為誠懇的問題。我問他：「為什麼你會這麼認為？」

　　「嗯！他住在山中的洞穴裡，剛開始時先度過一段艱困期，然後境遇好轉，到最後一切似乎都很順利啊！」

　　在西藏的歷史和傳說中，有許多大成就者，都是住在山洞中且行徑怪異。有位著名的瑜伽士密勒日巴(Milarepa)尊者，也是住在山上。他遭遇過各種磨難，最後終於透過苦修，而克服這些不可思議的障礙。他住在山洞的那段日子裡，有很長一段時間只靠著喝蕁麻湯維生，到後來，據說連皮膚都變成綠色了。此外，西藏神話中也提及，人類有一部分是猴子的後裔。

　　於是，朋友就拼湊自己生命經驗中所接收到的不同觀念，最後得出古怪的結論。他從自己的文化，直接就躍進我的文化根源之中。當然，竟會有人將片中主角Grinch當成是耶穌基督，聽起來似乎很荒謬，但我們自認為有某個自我的存在，其實也同樣荒謬。

　　我們累世累劫以來，就不斷執著於某種虛幻的、由各種想法和觀念所拼湊出來的「身分」，企圖保持快樂，這才是我們痛苦的起因。這並非某種原罪，而是源於迷惑的心所延展的古老習氣。

困惑的心無法超越它自己

困惑的心猶如脫韁的野馬,當我們想追牠時,牠就跑開;想接近牠時,牠又驚懼退縮;假如好不容易騎上馬背,牠就百般不願地躓步,然後出其不意地將我們甩落到泥巴堆中。我們以為讓馬兒穩定下來的唯一方法,就是儘量供給牠所想要的東西,於是我們耗費精力,只企盼能夠滿足與取悅這匹心的野馬。

迷惑的心是軟弱的,因為它不停地迷亂。人類為了維持「我」的舒適而需索無度,造成心的迷亂。若仔細思惟心的散逸與過分自我重視,就會發現這正是導致痛苦的根源,因為困惑的心無法超越它自己。當困難生起時,心毫無招架之力;當意外發生時,它只能從狹隘的角度來回應變化,企求這份快樂能偏安於一隅。

所以,若是我們受到威脅,心就只會憤怒地回擊;若是別人擁有我們想要的一切,內心便本能地生起嫉妒反應;若見到喜歡的東西,心便生起貪欲。我們可能不會去質疑這些反應,甚至不會自問:「這樣生氣值得嗎?」那些讓我們生氣和快樂的因素,全都是變化無常的外在環境與條件所引起的。情緒隨著它們起舞,更增添我們內心的迷惑與痛苦。

由於心未調伏,生命大部分時候都受心情起伏的牽制。每天早上醒來就像賭博一樣:「今天結束後,我的心情會如何呢?是煩躁、快樂、憂慮、憤怒,還是充滿慈悲、仁愛?」

大部分時候我們都相信，內在抱持什麼樣的心態，就會成為什麼樣的人，我們依隨不同的心態來過日子。我們這樣思惟，並不去質疑。不論醒來時，內心感到的是恐懼、興奮或昏沉，驅使我們生命前進的動力，都只是希望「我」今日能萬事順利。

人人都想住在「安適區」

在地球與火星之間有個區域，科學家們稱之為「安適區」(Goldilocks zone)。那地區不熱也不冷，一切都合宜適中，可想而知，生命必然能在那兒生存。許多人都想要生活在那樣的環境中，我們一輩子都在打造個人的安適區，好滿足頑強的自我，讓它感到舒適又受到保護。這一切完全按照我們所企盼的進行，自己也盡全力如此維持著。

要讓安適區永恆存在，這樣的想望會帶來憂慮。生命中的不同面向必須加以協調，才能使我們感到快樂，若是這些因緣無法聚合，我們就痛苦不已，整個心就這樣緊抓著希望與恐懼不放，根本無法放鬆。我們擔心若是無法掌控自我，不知將會面臨何種後果。

所以，我們不斷編織著藉由觀念、信仰、念頭與情緒，所形成的那張自以為是「我」的網絡。就如一台閉路電視，我們總是確定自己的位置，對於其他部分卻所知無幾，沒有任何東西能真正觸及我們。我們努力爭取能讓自己快樂的東西，避開任何帶來痛苦的事物，而幾乎忽略其他部分，這便

是一般人以為的「快樂」。事實上，我們是在內心虛構一個以「只求得過且過」為主要動機的安全地帶，我稱之為「今天事事如意」的心態。

帶著這種「今天事事如意」的態度來過日子，其實是很狹隘的，它會令人落入不滿、任性與恐懼的陷阱中。我們內心充滿防衛性與偏狹的恐懼症，只想不斷追求速度的快感，滿足內心無盡的需求和貪欲。我們東奔西跑，忙得像個陀螺，卻不知自己究竟為何而忙。內心的迷惑未獲得解答，所以不斷湧起壓抑的鬱悶感，如水銀瀉地般滲進生活的每個角落，令人彷若生活於醉夢之中。這便是人生痛苦的根源。

是什麼讓你落入陷阱？

你也可以用不同的方式面對生命。我們可以盡力去發掘自己證悟的本質：無條件的愛與慈悲；不拘泥的、輕鬆自在的自處之道；一顆清明與敏銳的心。但為了能讓無畏的勇士之心得以彰顯，首先，我們必須先了解自己困惑的本質。到底在輪迴之中，是什麼讓我們落入陷阱？

從佛教觀點來看，是我們創造了自身的處境。我們將某種基本且錯誤的習性呈現出來，雖然置身幻夢之中，卻以為它是真實的。不論我們多麼努力想控制一切，事實上總是失敗潰退。我們才剛洗過車子，就下起雨來了。所以，我們能拿天氣怎麼辦呢？佛陀教導我們，與其抗拒輪迴、抱怨或不斷地想要贏過它，不如仔細地了解它，「讓我們弄清楚，這其

中到底是怎麼回事？」

我們必須了解迷惑的心的痛苦，並決定不願再受這痛苦的危害。這並非教你要遁世歸隱，而是要認清人的「存在」，其實有著如夢一般的虛幻本質，不要受到它的欺騙，或自欺欺人——相信存在是具體且真實的。

人類一旦看清無常與無我所幻化的遊戲之後，就不會再將自己看得如此重要，而能自在地享受生命。假如能像佛陀那樣，看清實相本身的空性與光明的本質，便能瞬間從夢境中覺醒。真正的解脫，就是不再受到「我」或「你」的幻影所蒙蔽的生命。

發現本具的覺性，享受人生

然而，正如佛陀當年求道的歷程，我們也必須踏上修道之旅，然後才能清楚見到實相。這趟旅程始於了解世人受苦的原因，我們必須認清自己生命目前的光景，如果我們樹立的生命目標，是讓「我」好好地享受一番，那是行不通的。為什麼？

因為生命的基調即是生、老、病、死，那是「我」必須遵守的遊戲規則。在這規則裡，我們所得到的快樂不斷地變質為痛苦。這其中沒有任何永恆或穩定的特質，也沒有一個具體的「我」。死亡來臨時，往往令人措手不及。若我們一味虛耗生命，否認人類存在的基本事實，結果必然是痛苦不堪。

我們能擁有這珍貴的人身已極屬難得，因為人身讓我們有

機會去發現人類本來具足的覺性。就如我們所見到的佛陀畫像，「覺醒」是閃耀的、燦爛的、流動的與本然清淨的。它正是人類本具的特質，也是連結全人類的生命特質。迷惑的心所不斷玩弄的把戲，造成我們與人性本善的喜悅彼此阻隔，禪修正是揭開那層幻影的利器。

享受人生、美食與美妙的音樂並非壞事，好奇地探索人生痛苦的原因，並不表示我們不能再享受人生中的賞心樂事。不過，一旦我們開始明白，自己那未受調伏的心為何迷惑，就不會看著「冰淇淋」而說「那就是快樂」了。我們會了悟，人生中即使沒有冰淇淋也一樣能快樂，這顆心天生就是既滿足又快樂的。

譯註

① 無我：是指一切存在的現象，都沒有一個恆常不變、自我主宰的實體。

② 空性：一切外在與內在現象，以及「我」的概念，都不是真實、永恆的存在，因此是空性的。

第三章 ■ 寧靜的安住

雖然迷惑的心尚未調伏，但不論我們是否意識到，它其實都已準備好要禪修了。禪修就是不斷地將心專注在某個所緣的對象上，而且熟悉這對象的自然過程。例如，早晨起床時，我們對於某件事感到焦慮，於是焦慮便終日盤踞於心中：「我該怎麼辦？何時才能得到我想要的？」這時我們禪修的對象就是「我」。

讓心如實呈現

在寧靜的安住中，我們將心深植於當下，並練習將心專注在呼吸上。當念頭與情緒讓我們分心時，必須注意它，再不斷地將心專注於呼吸上。如此我們的心便從造成痛苦的昏昧狀態，轉化成安定、清明且強固。透過修習寧靜的安住，我們更加堅定追求安穩、清明之心的欲望。

與心結盟，就是在學習看清我們的本然面目。通常我們不知如何處理和面對心的自然躍動，因此我們只落得陷入一堆擾動的強烈情緒當中。這些情緒讓我們繼續受苦不已。在寧靜安住中，我們才開始看清心如何運作。

「寧靜的安住」描述的是人類心靈的本然面貌。寧靜二字實足以說明一切，我們的心靈原本就屬於喜悅、寧靜和清明的特質。

在修止──寧靜安住中，我們其實並非製造某種寧靜狀態，而是從一開始就讓心呈現如實的面貌。這並非意謂著我們要寧靜地漠視事物的存在，而是說心不會一直散逸，並能如實呈現自身。

將憤怒轉化為愛與慈悲

從佛教徒的觀點來看，人類並非天生就具有侵略性，但要相信人類天生愛好和平，有時也有點困難。當我們憤怒或煩亂時，未受調伏的心會變得好勇鬥狠，不時攻擊他人。我們以為用侵略的方式，就可以對付那些讓情緒生起的對象，而解決痛苦。但縱覽歷史的發展可知，人類曾不斷地使用這種方法，當我們痛苦時，就起而攻擊他人，這點很明顯的是人類苦難永存的原因之一。

具備調伏過的、安穩的，且願意追求人類福祉的心，讓我們找到另一種方法，來解決日常生活中遭遇的困難，即使置身困境之中，也能保持平靜。我們學會以逆境自我砥礪，激發出繼續追尋真理的勇氣，來取代侵略行為以及因之而生的苦難。最後，我們或許真的能將憤怒之心轉化為愛與慈悲的能量。

首先要修習寧靜的安住。若我們能記住「止」這個字的意思，就能以它做為參考點。我們可以說：「我在做哪一種禪修呢？它是安穩而寧靜的安住。」同時，我們開始看清自己的心總是安住在某處──不見得一定是寧靜自然的狀態，或

許它正停駐在暴躁、憤怒、嫉妒之中。看清這一切，正是我們解除困惑的開始。

隨情緒起舞只會帶來痛苦

我們習於過著競逐狂野之心的迷亂生活，這顆心不斷生起各種念頭和情緒。這並不表示這些想法和情緒本身有什麼錯誤，事實上，讓心靈成為盟友的關鍵即在於，我們開始引導這些想法和情緒趨向利益他人。

透過寧靜地安住，而開始看清情緒的運作模式，也了解自己必須處理這些強烈的情緒。如果我們不去面對，情緒就會滋長，一旦如此，我們就會隨著情緒起舞。當我們隨情緒起舞時，它們就創造了我們的處境。

禪修使人明白散亂的念頭所引發的情緒：煩躁、焦慮、激情、侵略性、嫉妒、驕慢、貪婪，這一切都會導致痛苦。例如，在公車上，坐在你身旁的人擁有一個非常時髦的數位唱機。起初你只是被那些新奇的裝備所吸引，感到十分好奇。然後，不知不覺間，你希望也能擁有一台一模一樣的唱機，雖然你自己的還很新。

原本你只是寧靜地坐著，如今卻成為一座充滿欲望的火山。更糟的是，只因為身旁的人擁有你想要的東西，你便開始嫉妒起這個素昧平生的陌生人了。剛才的你還愉快地欣賞風景，現在動了執取的念頭，不免感到痛苦起來了。

隨著情緒起舞，只會再引發更多效應。我們原本打算跟某

位朋友去度假，卻因為對出發日期無法達成共識，於是朋友惱火，自己也不開心，如此惡性循環，弄得他更加生氣，結果旅遊計畫就此泡湯。思緒散亂或許會令人感覺輕鬆，就如令人敏感的食物，也特別有吸引力一樣，但等到我們吃下去之後，痛苦就開始了。

覺察心的變化

禪修是一種非常個人的旅程。僅僅藉由當下的覺察，我們就能將自己根植於其中，擺脫自我感的束縛，開始融入實相的本然中，而明白以往所不了解的事，並心生好奇：「什麼是真正有價值的？我所經驗的真實是什麼？」

如果我們居住在荒野之中，就會去觀察周遭大自然的運作模式：飛鳥和動物的活動、天氣的變化模式，以及植物生命的改變。不久，我們熟悉環境後，或許能預測冬天何時來臨，以及這個冬季會有多長。

同樣地，在學習心的寧靜安住時，我們也開始觀察和理解內在的思考模式，能覺察自己的心如何從一種想法轉變成另一種，也能覺察情緒的轉變。我們能看清心如何虛構出一個安全地帶，以及多麼期待採取行動。我們開始了解心運作的過程，而不加以論斷，只注意內心的變化，並逐漸熟悉它。

花一段時間注意念頭與情緒的生滅變化後，我們就能開始看清楚它們，且不再受其擾亂，因為我們明白它們是多麼地變幻無常。然後，才能真正開始改變自己的行為和思考模

式，進而改變我們的整體環境。但我們必須持續地修行，才能獲得這份利益。

你是否願意改變？

一旦規律的修行變成生命的一部分，生命就像經歷一場巨大的變動。禪修是一種看待事物的全新方式，我們必須願意改變自己，當開始調伏自己的心，它便連帶地影響其他的事物。就如整修工程一樣，一旦開始啟動後，便牽一髮動全身，很難再停下來。

例如，我每年夏天在香巴拉山禪修閉關中心教課，那裡的禪修大廳已破舊不堪，我們決定重建，因而使得原有的廚房顯得狹小又老舊，所以我們也得重蓋一座新廚房。

剛開始禪修時，你可能會從自身看到令你不喜歡的部分，所以重點是，你必須問自己是否願意改變。在你考慮踏上修道之旅前，必須先審視這個基礎點。

甚至在你坐下來之前，就先問問自己這些問題：我確實想成為一個更好的人嗎？我真的想調伏自己的心嗎？我們談的不是成為大好人，而是我們選擇成為更堅強、溫柔、明智與專注的人，讓自己能與事物的本然面目更加一致。我們真心想做這件事嗎？

禪修的觀念其實非常單純。我們放慢生命步調，開始審視生活的運作模式。我們必須先從「心」著手，然後「身」才跟著改變。這並非說我們一旦開始禪修，生命裡所有事情都

可迎刃而解，不再有任何問題。禪修後的你、我，與親友仍會有衝突或爭執，平常還是會收到違規停車罰單，也會碰上沒趕上班機，或烤焦吐司的時候。

禪修不表示生命就此邁向快樂天堂，而是藉著與心靈結為盟友，而開發人本具證悟特質的可能性。禪修時，我們會訓練自己看清自身的弱點，並強化正面性格的力量。我們正在轉化自己的基本認知，自然地改變自身與世界的連結方式。

心一次只能覺察一件事

一旦我們開始真正地觀察這個心，就會發現它運作的基本原則。其中之一就是，心總是將它自己放在某個事物上，它如此做的目的，是為了要清楚眼前的狀況，也因而讓我們養成分心的習性，而這正是使得心無法安穩。

我們的心或許在此刻想到晚餐的事，盤算著冰箱裡有什麼食物，接著又飄到餐廳，想著該穿什麼衣服到餐廳去，然後就覺得自己該買新衣服了。心就如此不斷地攀緣，通常在一個念頭上只停駐了幾秒鐘，即使當我們很有條理地思考如計畫之類的事，情況也是如此。

例如，假若我要從紐約飛往巴黎，我心中就會開始不停地計畫：我要在哪天啟程？要搭幾點的班機？我是否能獲得哩程累積優惠？航程要花多少時間？我要去哪裡參觀？我到達那裡時，會遇見誰？

如果我們觀察心中的種種盤算，就會發現即使在計畫與計

畫的空檔，還是會有各種想法生起。雖然表面上看來，我們內心彷彿被假期的一連串計畫占滿，但如果你仔細注意的話，就會看見自己的心不斷地在許多想法之間來回擺盪——「這屋裡感覺有些熱，我能開窗嗎？不知午餐該吃些什麼？今天下午聚會前，不知能否抽空到超市買些東西？」但由於大部分念頭都在繞著旅行的事打轉，所以我們會說：「喔！我正在計畫度假的事。」

當我們仔細觀察自己的心，還會再發現，我們無法同時覺察數件事情，一次只能覺察一件。試試看！感覺上我們彷彿同時聽見鳥叫又看見陽光，但就實際經驗而言，心已從某個覺知層面轉移到別處。

若我們心中盤算晚餐吃些什麼，那針對這件事就產生一連串的念頭，而在這些想法之間，我們的心已多次轉向其他事情了。

我們會突然想起白天接到一通愉快的電話；發覺有人已清洗了早餐的碗盤；喜歡這張CD中的某一首歌，但不知道是誰唱的。如果我們能夠仔細觀察自己的心，就會發現它向來都是如此。

認清潛藏於內心深處的寧靜

如果我們有足夠類似的想法，就稱為「意識流」(stream of consciousness)——念頭之河。然而，心念之流總是波濤起伏、變化莫測，藉由事物的聚合而編織出某種看似堅實的幻相，

但事實上，它總是反反覆覆。剛練習寧靜的安住時，我們藉由收攝心而觀察什麼是心，也就是藉著靜坐，將心專注於某個對象上。

在剛開始時，不斷地將注意力拉回呼吸上，可能會讓人感到不自然，彷彿在拉著一個小孩不讓他亂跑一般。但如果我們持續地做下去，經過一段時間，就會發現在心散亂與迷惑的底層，還有其他事同時在進行。於是，我們慢慢認清那份潛藏在人內心深處的寧靜，其中含藏著智慧、穩定與某種力量。因此，我們明白散亂的念頭與情緒，是如何阻礙我們體驗心的本質。

在修習寧靜的安住時，我們視當下為參考點，以便與心產生連結，並逐漸調伏心的狂野與散亂。當我們坐下來禪修時，內心往往思潮洶湧，整個人因此極易迷失。我們闖入這片濃密的森林中，完全摸不清方向，看不到目標。當下與呼吸猶如遠處的峰頂，我們的目標就定在峰頂上，並朝著它努力前進。在這過程中，我們必須環顧四周，才能明白自己身在何處。

讓心專注於呼吸上，便是學習正念與正知的方法。這有如小時候養寵物，經由照顧小生命而教導我們明白責任與慈愛。當我們長大後，就能將所學，應用在別人身上。同樣地，我們將呼吸當成工具，以帶領自己回到當下。

我年輕時訓練過一些獵鷹，我常用小肉塊當誘餌，經過一段時間，每當吹哨子，那些獵鷹便會飛來叼走我手中的肉。這是極具挑戰性的工作，因為鳥類的天性並不信任人類。在

把牠們關起來訓練了好幾個月之後，我學會了接受「每天只進步一點點」這件事的價值。

等到彼此的信任感建立後，我便能野放獵鷹，那就是真實的剎那：當我吹起響哨，獵鷹是否會飛回到我的臂腕上？這情況像極了在寧靜安住之中訓練自己的心，要讓心回到呼吸上，這一切需要耐心才能達成。

學習讓自己活在當下

當我們體驗到寧靜安住的瞬間，感覺似乎如此奇特，心不再到處飄盪，不再被無數瑣事所纏縛。這時不論是太陽升起或一陣清風吹來，我們會突然意識到這陣美妙微風的存在，且身心完全地寧靜和諧。我們思忖，那真是極為靈性的體驗，那是一種宗教性的體驗，至少值得作一首詩或寫一封家書來抒懷。

所有發生的這一切，其實是我們與心交會的那電光石火的瞬間，心既存在於當下，又能寧靜和諧。先前，我們終日忙碌而困惑，完全未注意到微風的清涼，心連稍微沉澱幾分鐘、好好地欣賞日出的美景都辦不到。如今我們已能讓它長時間安住於某處，了解並欣賞自己的環境，現在我們是真正地存在於此。事實上，活在當下是平凡無奇的，但它正是生而為人的重點所在。

學習讓自己活在當下，正是踏上修道之旅的開端。藉由靜坐，使自己的心與呼吸和諧一致，我們得以減輕散亂的狀

態，認清心如何創造看似堅實的自我感，並發現心自然的存在狀態。

在擁有這種體驗後，我們就能耕耘自己的心靈花園。這座花園中逐漸開出愛、慈悲與智慧的花朵，而憤怒、嫉妒、傲慢的無明也就愈來愈沒有生存空間。在寧靜的安住當中，我們愈加熟悉自身本具的良善，這便是我們與心的結盟。

第二部

寧靜安住的藝術

第一章 ■ 安坐

當我還是青少年時，有時會隨父親一同參加禪修營。在某次禪修中，我的修行包括每天四段時間的禪坐。在每段時間剛開始時，父親總會偷溜進我的禪修室，查看我做的是否正確。我當時心想，「他為何不在禪修時間進行到一半時，才來查看我是否繼續練習？」

過了一陣子後，我才明白他感興趣的是探究我如何入坐，他來觀察我是否抱持正確的態度以修鍊自己的心。心是國王與皇后，在我們走向禪坐的位置時，它彷彿就是我們生命中心的寶座。

挺直背脊，心保持警醒

有許多雕塑與繪畫呈現出佛陀各種禪修的姿勢。這些作品優雅地表現出禪坐姿勢，目的在於傳遞坦然開放與莊嚴的精神，令人感受自然的力量和安詳穩定。藉由挺直的坐姿，我們可以放鬆身體，並使心保持警醒。你可以運用不同的禪修姿勢，但在正常的情形下，坐在墊子或椅子上是最佳之道。如果你無法禪坐，那麼將此技巧運用於走路或站著的時候，或甚至躺下來都可以，不過最有效率的姿勢還是坐姿。

當你坐下後，先採取平衡、穩定的坐姿，以便身體中心的能量自由地移動。若是坐在墊子上，先讓你的腿散盤，輕鬆

交疊著。若是坐在椅子上，不要交叉雙腿，要讓腳底平放在地板上。想像頭頂有根繩子將你向上拉直，讓身上的器官、肌肉和骨頭都安穩地掛在脊椎的四周，就像一件大衣懸掛在衣架上。你的脊椎骨感覺上猶如一串堆疊起來的金幣，讓脊椎能呈現自然的彎曲。

年輕時，我曾跟一位朋友比較身上的疤痕，他也是位轉世喇嘛。所謂「轉世喇嘛」，就是一個人刻意轉世到原先傳承的法脈中，以便繼續完成利益眾生的工作。在西藏的傳統中，這包含了密集的、高度複雜的訓練。

我的老師以前都會擰我的肉，或用竹枝鞭打我，但他老師的作法更為極端。為了使這個受訓的小喇嘛能保持正確的禪坐姿勢，老師便讓他連續好幾個小時，坐在四周都是荊棘的岩石上，只要他稍微移動，就會被荊棘刺到。這方法聽起來雖然嚴厲，但在教導他寧靜且筆直地坐著時，的確很有效。

正確的坐姿

這些老師之所以如此強調必須挺直地坐著，是因為坐姿不正確會妨礙呼吸，進而直接影響心。如果坐姿懶散，你會忙著修鍊自己的心，同時又要應付身體的不舒服。這與你真正想做的事──調和自己的身與心，是背道而馳的。

在你挺直背脊後，把雙手放在大腿上。雙手位置不要過於前傾，以免肩部向下垂，也不要太往後，免得肩膀過於緊繃而壓迫脊椎。雙手交握並放輕鬆，記住不要緊握，好像你不

願讓自己放下似的。

　　縮下巴，兩顎放鬆，舌頭輕抵上牙齦，嘴巴微張，目光下垂，眼睛半闔。若眼睛睜得太開，就會很難進入寧靜安住的狀態；若完全閉眼，則可能令你陷入昏睡或忘失禪修技巧。若你的心感到遠離和偏狹，緊張而又昏暗，那就試著稍微抬起眼睛，這樣靜坐時目光所及的範圍更廣。但是，這時眼睛並非真正地注視，它們只是「看」。就如聲音，我們並非在傾聽，但我們的確在「聽」。換句話說，我們並未專注在自己的感官上。

熟悉禪修的對象

　　禪修技巧的第一步是安住：將心放在所緣的對象上。藏文中有個代表禪修的字gom，意思是「變得熟悉」。在禪修中，我們認識某個對象，並對它產生熟悉感。我們可以運用任何對象，如鵝卵石、火焰或身體，常見的禪修對象，也是這個心不斷思惟的對象，那就是「我」。

　　在寧靜的安住中，這對象是簡單的呼吸，呼吸代表在眼前的當下活著。將心放在呼吸上，並一再地回到呼吸上，這就是「止」的本質。透過將心安住在呼吸上，我們保持在當下、正知與正念之中，「安住」意謂著專注於呼吸的感覺上，呼吸的舒緩流動，不僅使心穩定、放鬆，而且能降低心的散亂。

　　這是一般的呼吸，而非誇張造作的呼吸，只是單純地專注

於呼吸。若由於昏沉或不曉得呼吸的進出，而無法專注於呼吸，那就把吸氣與吐氣當成一個循環來做數息，這是個幫助你回到專注對象的補救方法。吸氣、吐氣，數一；然後再吸氣、吐氣，數二。以這個方法，數到七或二十一為一個循環，然後再重新開始。若是你分心而亂數，就重新算起，一旦更加專注後，便可拋棄數息的方式。

對於呼吸的節奏愈來愈熟悉，是寧靜安住自然發展的一部分。我們將心放在完整的呼吸上，並花一段時間才能體會它。我們或許會發現，呼吸本身並不如「呼吸」的概念那麼具體，與其說「呼吸」一詞是描述具有某種實體的東西，倒不如說它是一連串的事件。空氣穿過鼻孔進入體內，在下腹部停留一陣子，並使下腹膨脹起來；然後，橫隔膜收縮，讓空氣離開肺部，輕輕地由鼻孔逸出，最後融入虛空之中。

專注呼吸可使身心和諧

以呼吸做為禪修所緣的對象是極有益處的，因為隨著吸氣與呼氣，我們可以獲得某種程度的穩定，正可映照出內心的散亂。專注於呼吸的好處是，讓我們放鬆，透過這一過程，整個生命得以放鬆，緊張開始消解，呼吸讓心舒緩並且得到休息。

當我們放慢思緒，並習慣於自己，心與身之間的界限就縮小了。我們感受到心臟的跳動，覺察到血液的流動，也幾乎能感覺到自己的骨頭。於是，我們的身心達到完全的和諧，

變成某種完整的存在。

但實際情況並非全然如此。當我們靜坐，並將心專注於呼吸上時，心的嬉鬧便會不斷生起。念頭和情緒的起伏使人分心，往往將我們淹沒在這股思緒的浪潮中。

我們心想，終於開始禪修了，這一切真有趣，不知朋友們會作何感想。我們掛念著車子停在何處，想著這時如果能嘗塊餅乾，那該有多好。我們也想到，自己此刻昏昏欲睡，能喝杯咖啡是再好不過的了……這些飄浮的思緒，都是我們說給自己聽的小故事，大部分內容都是關於過去與未來，而非現在。

我們可能一時失神，忘了「呼吸」才是禪修所緣的對象，而非念頭或情緒。這時可以運用的技巧是，當注意到自己正在動念時，就承認這個事實，也可以將它標示為──「動念」(Thinking)。

不論我們標示與否，當注意到念頭生起時，就將心帶回到呼吸上。認出念頭的存在，就能辨識出心的飄移，以及這迷惑的心有多狂野。我們在訓練自己覺知生而為人的真正面目，也訓練心能專注不受迷惑，並且全然地覺察自己當下的生命。

例如，我們以穩固且放鬆的姿勢坐著，並專注於呼吸上。整個人沉浸在呼吸中，並讓心保持平靜，但這時腦海裡卻冒出一個念頭：「真希望我今晚不用煮飯，為什麼其他人不煮呢？這家裡只有我整天在做牛做馬。他們當我是什麼，超人嗎？」

我們的寧靜因而被陣陣湧起的思緒所淹沒，而且它眼看就要成為洪流了。這時我們覺察到了：「噢！我正在起念

頭。」認出它之後，便讓這想法消失，回到呼吸上。我們明白自己正在禪修，此時不宜想這些東西，只管專注於呼吸即可。我們再度專注在呼吸上，並對自己說：「現在，我將心專注在呼吸上。」

禪修就像學習騎馬

初學禪修猶如學習騎馬，我們必須學習保持平衡。學習讓呼吸保持平衡，將背脊挺直，平穩地端坐著，辨識出那些生起的念頭，承認念頭生起，然後放下。我們以為這不難，應能立刻做到，但禪修是相當精微的活動，需要花一段時間才能讓身心整體協調一致，在學習寧靜安住的過程中，將會不斷經歷內心的起伏。

所以，抱持溫和的態度，容許有段寬鬆的時期，就顯得十分重要。我們習慣將心繃得太緊，坐在那兒，一發現有念頭生起，心裡便想：「噢，念頭是不好的。」我們變得煩躁不安，企圖清除這些想法，卻反應過度地壓制它們。然而，在這階段中，內心會冒出一些想法是無法避免的。

最後，我們會開始發現呼吸本身令人舒暢。我們享受著呼吸，覺得呼吸不再令人討厭，不再老是提醒我們得更加努力禪修。我們只是純然地吸氣與吐氣，彷彿生平初次發現自己是會呼吸的人類。

在經過一段時間的禪修後，我們可能會發現到：「天啊！我的心臟不得不跳動，血液不得不流，才能維持我的生

命。」我們體驗到自己軀體的存在，並逐漸發展出覺察自己本具特質的能力。當我們看清這一切是如此細微時，可能還會生起某種程度的恐懼。

念頭就只是念頭

運用禪修的技巧，以及將心帶回呼吸上，都需要保持嚴謹確實。據說偉大的禪修者，能專注到感覺自己血液流動的程度，也能實際覺察身體細胞結構的原子狀態。我們需要心懷溫柔，才能在過程中保持平等心且清醒。當念頭生起時，我們無須分析或論斷它，更不用因為念頭產生而批判自己。

不論這些念頭的內容，只是關於足球賽或內心最深沉、最不可告人的祕密，都無好壞之別。念頭就只是念頭，因為生起念頭而責備自己，也只是某種念頭而已。所以，禪修教導我們將念頭的生起，視為分心的表現，只要讓注意力回到呼吸上。有這種溫柔的態度，才能有健康的禪修。

阻礙我們全然享受禪修的主要問題，在於身體的痠麻與疼痛。我們會感到膝蓋抽痛、背部痠疼，或肩膀僵硬。這些身體上的疼痛，就足以讓某些人在剛開始時就萌生退意。我經常碰到有人以為禪坐的姿勢充滿痠麻、疼痛，真可惜，因為禪坐應該讓人感覺更舒暢才對。身體的疼痛不是禪坐必備的要件，寧靜安住並非只局限在情緒狀態，禪修使我們整個生命放鬆，其中當然包括身體在內。

我們可能不習慣完全不靠椅子或軟墊而長時間靜坐，雖然

如此，仍然必須溫柔地對待自己，這是逐漸習慣靜坐姿勢的過程。西方人常認為，坐於蒲團上的想法令人退避三舍，那是因為我們不習慣坐在地板上。但在西藏或其他亞洲國家，一般人並不覺得坐椅子就很舒服。

我在某次參加宴會時，發現我的日本箭術指導柴田老師，已放棄西式坐姿，雙腿盤坐在椅上。不論我們坐在椅子或坐墊上，重點是要明白，身體的疼痛能夠且應當藉由禪修而減輕。為了讓禪修之旅進行順利，應該將身體包含在內，在心放鬆之際，也兼顧身體的舒緩。

將禪修的心帶入生活

一旦調整好坐姿，便要清楚且明確地開始禪修。我們不見得要使用傳統佛教儀式的磬或鐘，你可以對自己說：「現在我要開始鍛鍊自己的心，以達到寧靜安住的境界。」

你可以先從每天靜坐十分鐘開始，若是想坐更久一點，就延長到二十分鐘。如果希望每天靜坐超過一次以上，試著每天早晚各坐一次。要是你無法每天靜坐，那麼每週選擇三到四天靜坐，並把時間固定下來。如果最近較為忙碌，例如，正在進行某項大計畫或準備考試，那就調整靜坐的時間，並按時間表靜坐。持續不斷是很重要的。（請參見【附錄一】「禪修的準備」，做為補充資料。）

在靜坐結束後，不要急著起身，然後又匆忙回到日常生活的瑣事中。先靜靜地享受禪修所醞釀出的氛圍，再從容起

身，或許你會覺得內心比禪修之前更清新、澄明和寧靜一些。在日常生活中，你不必繼續運用任何特別的技巧，只要不行屍走肉般地吃喝或行走。你只要放鬆身心，或繼續深化自己的體悟。

當你的心較不受紛擾的思緒，以及喋喋不休的念頭纏縛時，便會在內心創造出有益的空間，並帶入生活中。你會發現，不論是覺察周遭發生的事，或與他人加強溝通方面，都更容易全神貫注於當下；當思緒和情感散亂時，我們也較容易看清楚。

方法其實很簡單：當你的心不專注時，就把它拉回來。當那匹馬跟著你跑掉時，將牠拉回到小路上。請帶著遊戲的心情來做，例如，回歸到自己的感官來做實驗，讓那匹不羈的馬兒受到控制。或當你發現心已散逸時，重新調整坐姿。與別人相處時，要練習到能真正地傾聽他人說話，並直視對方的眼睛，而不是敷衍地回應對方的談話。

運用靜坐時所發展出來的正念與正知，平靜地待在生命的馬鞍上，然後看看自己能否以不期待或不執著的心，來欣賞這些禪修的果實。

當禪修成為生命的一部分時，你可能會遭遇一些障礙和問題。這時如果能有曾面對過類似問題，且較有經驗的修行者從旁協助，必能讓你獲益匪淺。禪修老師能在你碰到各種修行瓶頸時，提供你一些方法。

此外，將自己的修行經驗與他人討論，並參與共修團體，也會有極大助益。

第二章 ▌ 專注於一與當下覺知

當我們愈能不斷地練習，將心帶回到呼吸上，也就愈能明白坐下來禪修時，會產生的基本穩定性。我們如何將心專注在呼吸上？只要坐在蒲團上，便能馴服這匹野馬。

我們訓練的工具是專注於一(mindfulness)，藏文 trenpa，與當下覺知(awareness)，藏文 sheshin ——presently knowing。專注於一的力量，在於我們能將心帶回到呼吸上；而當下覺知的力量，則是明白自己什麼時候必須這麼做。「當下覺知」知曉心的野馬何時脫跑了，並告訴「專注於一」將牠帶回來。

與生俱來的專注於一與當下覺知

將自己的心帶回呼吸上，這聽起來很容易，但開始練習時，會發現情況正好相反。我們已被徹底制約，只會依循自己的思緒，所以專注於一的力量薄弱，當下覺知也不敏銳。剛開始時，我們很難看清自己身在何方、在做什麼。

令人欣慰的是，專注於一與當下覺知是心與生俱來的，而非某種必須向外追求的陌生事物。我們運用專注於一，將心專注於任何對象上，不論是呼吸、岩石或一根香蕉；而當下覺知則是告訴我們自己在做什麼的能力。當下覺知告訴我們，電話鈴聲響了，而讓我們能專注地傾聽電話另一端傳來母親聲音的，則是專注於一。

所以，透過正確的禪修，我們強化心本身具足的各個面向，就好比健身一樣。在發展專注於一與當下覺知的過程中，心開始感覺到它自身的力量，以及只是活在當下的能力。我們已開始逐漸明白心本具的穩定力。

當我剛接受舉重訓練時，並非馬上就能舉起很重的重量，只能舉起些許重量。但藉由反覆鍛鍊，力氣就能不斷地增加。透過持續不斷與規律的練習，這正是增強專注於一與當下覺知的方法。

以專注於一馴服如野馬般的心

當我們開始禪修時，體驗最深刻的就是有如脫韁野馬的那顆心。我們隨著呼吸，然後……哇！那匹馬就奔逃而去，我們一下子迷失在樹叢間，眼看就要越過一座斷崖了。

那份覺察自己身在何處的能力就是當下覺知，正如密探的監視守望，警示通知專注於一去完成責任。我們挺直地坐在馬鞍上，手中緊握韁繩，將馬兒再拉回到小徑上。藉著跟馬兒同步動作的時刻，我們感受到無比的能量與清明。這是一種強烈的體驗，心在那一剎那能獲得舒展，並放鬆下來。

然後……哇！那匹種馬已聞到牝馬的氣味了。牠朝著山坡飛奔好長一段路，我們才發現自己偏離了小徑。心到處遊蕩，已不再專注於呼吸。我們想著如何做出最好的沙拉，或仔細回想昨晚看過的那部電影。若我們任由自己坐在那兒胡思亂想，散亂會更加根深柢固。我們要如何將自己帶回到呼

吸上？善用專注於一是需要花點時間練習的，而禪修正是做好準備的功夫。

■ 專注於一的第一項特質——熟悉

專注於一有三項特質——熟悉、憶念與專注，我們不斷培養這三項特質，便是在學習如何馴服那如野馬般狂野不羈的心。我們運用呼吸的機制，鍛鍊自己的心專注於當下，以呼吸來熟悉心自然的穩定狀態。

剛開始，我們無法確定呼吸是什麼，有時也無法意識到當下，分心不斷地將我們拉開。經過一段時間練習後，我們漸漸能辨識某個念頭，把它放掉，回到呼吸，安住當下。有時我們覺得當下沒有什麼值得回歸的，所以不會停留太久。我們說：「這裡沒什麼有趣的，還不如回到塔斯馬尼亞(Tasmania)去」，或任何有所歸屬之地。

若我們不熟悉心本具的穩定性，我們對回到當下本身就不會覺得有什麼興趣。我們只是緊持不放，以為非如此作不可。即使我們理解到：認知，辨識和放下念頭，能降低心的散亂，但我們仍需要積極的理由以回到呼吸上。

這便是熟悉的效用。一旦我們放鬆並融入呼吸起伏的律動中，那麼就會熟悉當下與呼吸。我們的分心與散亂，都不再如此具有誘惑力。不斷調伏心這匹野馬後，將更加熟悉寧靜馳騁於小徑上的那種感覺。

我們寧願回歸當下，也不肯再追逐念頭，因為我們漸漸熟悉並享受心的穩定。安住於其中，就彷彿滿屋子都是人時，

我們回到自己的房間獨處一樣，令人感到放鬆和舒適。

▍專注於一的第二項特質——憶念

專注於一的第二個面向是憶念，這種天賦的特性，就如人們不用學習也不會忘記自己的臉一樣。這表示我們的正念非常穩固，永遠都清楚自己當下在做些什麼，也一直記得讓心專注於呼吸上。

若我們受念頭纏縛，就會忘記自己在禪修；若腦海裡浮現的盡是昨晚曲棍球賽的畫面，那麼正念便逃逸無蹤了。憶念就如談戀愛，不論你走到哪裡，愛人的影像總是不斷地浮現腦海。你一直都很清楚自己的愛人是誰，他人在何處、在做些什麼。

開始禪修時，我們體驗到心的狂野浮躁。但隨著正念的發展，會愈來愈熟悉呼吸，並時時記得將專注力拉回到呼吸上，最後便能進入不失念——那種無間的相續狀態，只要規律的練習便能辦得到。

心起先四處飄盪，一旦安定下來，它的本然狀態就會顯露出來。心這時更有能量安住於當下（專注於一），並知道自己在做什麼（當下覺知），連續的穩定性就是累積力量的基礎。

▍專注於一的第三項特質——專注

專注，是我們在專注於一第三個面向中所見到的力量。當發展專注的特質時，便將注意力放在呼吸上，安住在其中。雖然我們已難追憶初時禪修的光景，但若堅持不斷地修行，

心似野馬狂奔出閘的傾向終會消失。心本具的定力和強度將燦然閃耀，穿透散亂與妄念的烏雲。

心雖然還是會去看、聽、嗅、思考和感受，但不會再狂亂地追逐它們，也不再四處奔竄。由於心不再隨波逐流，所以我們體驗到心本具的平衡且無可撼動的特質。

當訓練馬兒時，起初你必須踢牠，來示意牠朝左邊走。不久之後，你只要以手指簡單示意，馬兒立刻就會照指示行動，你們彼此心意相通，有著全然的和諧感。騎馬不會讓人筋疲力盡，正如同禪修不會使你癱軟無力一樣。

一旦你跟馬兒建立起和諧的關係，就能放開韁繩，馬兒會很自然地避開樹叢，遇到危險時也會放慢腳步。透過禪修的幫助，我們也與心培養出同樣的和諧與了解，一旦調伏自己的心，它就能安住在當下。

給心洗一場牛奶浴

當培養出熟悉、憶念與專注的特質後，就可以說確實擁有了專注於一，我們的專注於一是成熟的。我們騎馬時有風馳電掣之感，那源於馬匹訓練有素，而有令人喜悅的振奮感。我們不再心神散逸，無須時時刻刻花時間將注意力拉回來，浪費寶貴的生命。

我們能將一切看得清清楚楚，這份清明能讓人直接地洞察各種現象。讓清明隱蔽不彰的，就是散亂的念頭與情緒。當內心的喋喋不休消失後，清明便有機會出現。心的這種特質

是直接且充滿活力的，並無太多思惟活動，但我們都非常清楚地覺察到自己體內與周遭環境發生了什麼事。心覺得輕安且不困惑，因為它是穩定的。

我們在世俗生活中，也能體驗同樣的澄明，就如暴風雨過後，陽光穿透雲層，或做完蒸汽浴後，跑到雪地裡打滾，西藏人描述這份驚喜之情的說法是「猶如洗一場牛奶浴」。我最近去浮潛，正好有這樣生動、貼切的體驗。我感到全身輕盈、舒鬆，陽光穿透碧綠色的海水，灑照在魚群和珊瑚上，就像心那種穿透的清澈。

與自己的呼吸合而為一

專注於一與當下覺知帶領我們進入這樣的場域，在其中停留愈久，那場域便愈來愈寬廣，我們有能力與整個環境——心境與禪修的特質，打成一片。我們的當下覺知極為敏銳，就如美國西部地區的警長，能在麻煩露出端倪之前，便已經看出它正在醞釀了。

我們不僅能安穩地騎在馬背上指揮馬兒，全景還能盡收眼底，在念頭生起之前，便能阻止它擾亂專注於一的安穩。我們就是以這方式增長寧靜安住的持續性，這時可以說：「我在馬兒上保持專注於一；我在禪修時保持專注於一；我在當下保持正念。」

起身時，我們不再迷失於白日夢中。我們對所吃的食物保持正念，滋味變得可口多了；對各種聲音保持專注於一，音

樂也變得更加美妙;對周遭的人保持專注於一,內心充滿感激。我們會更有活力與熱情來面對生命,因為在自身與所發生事情之間的衝突減弱了。心是個堅定的盟友,它幫助我們專注於自己需要做的事情上:讀書、運動、煮飯,所做的每件事似乎都因此顯得更簡單、直接且明朗。

全然的專注於一意謂著完全的和諧一致,有點如古老的靈修用語「與某物合一」(但在佛法中,沒有「一」可以與之「相合」)。真正的正念,沒有「此」與「彼」的分隔,這樣的境界離禪修初階段還有一大段距離,但我們絕對可以期待能達到這樣的境界。到那時,我們會說「我『就是』呼吸」,而非「我『知道』呼吸」,心與呼吸之間的區別感開始消失。

在這一境界中,沒有什麼好緊抓不放的,我們超越了每個參考點,二元對立的心正在消融,我們體驗到與呼吸的融合。我們體驗到的二元性愈少,痛苦也就愈小。最後,二元對立的心徹底滅盡,我們便不再需要禪修的對象,禪修的本質就此融入無限而又完美的自由與虛空之中。二元對立的衝突結束,這就是寧靜。

在到達與虛空融合的境界前,心必須堅強、穩定且澄明,這也是我們禪修的原因。一般來說,心總是在自身之外或之內——在「外」是指心不斷散逸,在「內」則是說心的自我迷惑。然而,藉由培養專注於一與當下覺知,心就會以積極正面的方式回到它自己身上,藉由安住,心成了我們的盟友。最後,我們與心完全和諧一致,這是既令人喜悅,也令人慰藉的。

第三章 ■ 如何尋回散逸的心？

困惑的心將大部分的時間，虛耗在追逐各種對象——從這個妄念到下個妄念，從聲、色到嗅、聞，從感覺到欲望，乃至挫折、失望。迷惑的心一直處於短暫的好奇狀態，不論在何時，我們的意識都是片斷的，且散逸到不同的方向。

然而，當雷聲撼動天際時，我們的注意力突然變得非常地集中。在那一剎那，散逸的心又恢復到完整狀態，完全專注於雷鳴，就在那電光石火的剎那，我們全然地在雷聲上進行禪修。

心的活動猶如向外輻射的光圈

練習寧靜安住是為了讓自己能專注於一境，這讓我們能以更堅定與專注的方式，做自己要做的事。我們沉澱下來禪修，是為了集中如野馬般狂飆的心的能量，將心帶向專注之境。藉由專注於一與當下覺知的力量，我們溫柔且精確地偵察自己的心，讓它遠離幻想、喋喋不休，以及念頭的叨叨絮語，讓心在此時、此地完全專注於呼吸上。

這樣做，是因為散亂的心不斷地誘使人遠離內在的穩定、清明與力量。所以，我們將注意力放在心上，並專注於呼吸。我們凝聚專注力以培養健全的自我感——完整、平衡、自信與圓融。

讓散亂的心趨向專注，是個漸進的過程。我們可以想像心的活動，如同一圈圈不斷向外輻射的光線，在中心位置的寧靜安住，就如將所有分散的光線聚合到我們的內部，當光線聚集後，中心就顯得愈加明亮。

　　圓圈的最外圍代表我們的日常生活，如果朝向中心位置移動，就表示自己進入不同的思惟境界，也就是由粗糙邁向精細，那光線也從模糊逐漸變得明晰聚焦。圓圈的中心呈現的點，象徵堅毅與清明，也就是散亂心的內層。

第一圈：我們的生活

反省自己存在的意義

　　修止便是由最外層的圓圈開始，逐漸將心緒散亂的自己拉回來，也就是問自己：「在我們的世界裡，我們到底是誰？」有時在教導孩子時，我會說：「坐在那兒，好好想一下自己是誰？想想自己喜歡什麼，以及厭惡什麼？再想一下待人卑劣和仁慈，又意謂著什麼？」在我們專注於呼吸之前，應該做同樣的思惟。

　　或許我們以前從未花時間如此透徹地看清自己，但要與心結盟，便需要發展每個階段的自我覺知。所以，在坐下來開始運用禪修技巧之前，應讓自己完全緩和下來，反省自己在這世界中存在的意義。我們得花上幾分鐘好好想一下，我到底喜歡什麼？厭惡什麼？內心的憂慮又是什麼？到底生命中的哪個位置，才能讓自己如釋重負？

即使只是處在心的外圍，這也是培養自我覺知的方式。要有自覺就必須具備耐心與誠實，這是培養健全自我感的基礎。我們在禪修姿勢中展現這份健全：堅定、平衡且放鬆。這是我們在「止」的外環所能達到的程度。

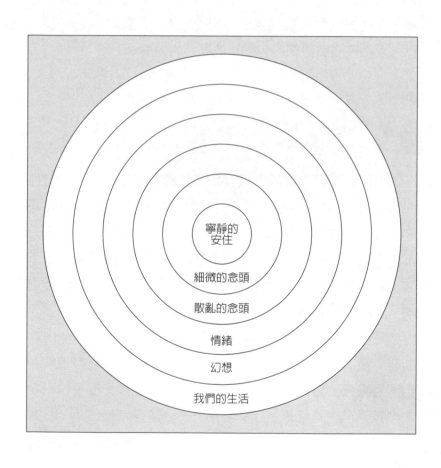

寧靜的
安住

細微的念頭

散亂的念頭

情緒

幻想

我們的生活

第二圈：幻想

覺知幻想，解除魔咒

我們再往裡面那圈邁進一步，開始運用技巧，隨著呼吸的
起伏，在念頭生起時辨識它。

■ 以勇氣面對如瀑流的念頭

身為初學者，我們可能對念頭叢生感到驚訝。當我們坐
好，並將心念專注於呼吸上時，腦中湧現的念頭之多，往往
令人無法招架。有關這類禪修的經驗，歷代禪修者多有記
錄，一般稱之為「瀑流」。我們較易受到念頭瀑流多寡的影
響，念頭的種類或錯綜複雜度反而影響較小。

現在，我們或許會想：「先前我並非如此迷惑，禪修卻使
我的心的狀態每下愈況。原本禪修應該帶給我寧靜、自由與
安穩，但此時卻令我比先前更加憤怒且暴躁。」如果這想法
是對的，認為禪修的確會增加心理負擔，那麼過去幾千年來
的那些大修行者，包括某些極有智慧的人，他們的示範就是
錯誤的；否則，便是我們只看到某個未曾留意到的思惟與情
感層面罷了。

瞥見這不羈又狂熱的心，真是嚇壞了我們，因為禪修正好
向我們展現內在的某種野獸特質。所以，練習寧靜安住還真
需要勇氣。

▌以當下覺知辨識起伏的念頭

剛開始時，我們的練習僅僅是以辨識起伏的念頭為主。在念頭的洪流中找尋自己的呼吸，或許令人覺得十分困難。我們知道它就藏在某處，但當去尋找時，又迷失在湍急的念頭瀑流中。

這個階段真的很重要，絕對值得加以欣賞與感謝，我們藉由認清心的狂野，才開始培養彼此和諧運作的默契。看清如瀑流般的念頭，讓我們萌生調伏這匹野馬的念頭。我們可以視之為正面的經驗，雖然感覺上或許並非如此，但若非事先體驗到心的野性，我們就不可能進行禪修。

所以，我們只要單純地辨識這些念頭，然後一次次地認出它們。我們正在覺察心的運作，一旦能辨識，便會在念頭出現時認出它來：「噢！一個念頭！」關鍵是動作要快，且要保持中立的態度。要是我們動作太慢，刻意或以論斷的態度來看待念頭，那只會在過程中增添更多的念頭，這樣做毫無益處。念頭產生時，其實既不好也不壞，辨識與承認念頭的存在，會帶我們回到應有的位置。請安坐在蒲團上，試著將心安住在呼吸上，我們正在學習如何克服心的散亂。

在每個階段中，「止」都是一種注意心如何振動的練習，包括它如何創造故事、速度與堅固性，並學習如何讓心與當下和諧一致。

身為初學者，我們要敏銳地覺知心的活動，辨認一個念頭便是看清心的律動，意識到自己正在動念，便能使動念頻率減緩。當看清心的活動狀態，便能明白寧靜安住的可能性。

當心的頻率不再與念頭共振時，我們就能體驗心本身那平靜又安穩的特質，即使這一切只是驚鴻一瞥。

▌發現「我」是虛構不實的

在聚合散亂的心的過程中，我們開始發現自己現在到底是誰。透過看清念頭網絡所塑造的那個堅實的「我」，實際上只是一連串的振動而已。但若我們無法透視這網絡的真面貌，那麼如夢幻般虛構的「我」，就會不斷成為禪修的一部分，我們甚至可能終生陷溺其中。誤將那種思惟模式當做堅實的自我，便是我們迷惑與痛苦的根源。看透這樣簡單的誤解，就是獲得開悟的契機。

禪修的技巧能產生心的澄明，因為在辨識、了解與放下念頭的過程中，我們明白心的活動不是出自「我」，所以不必像緊抓著救生艇般地執意攀緣它，即使放手讓它漂走，我們仍然在這裡。

放下念頭，並專注於呼吸上，讓我們產生寬慰與輕鬆感。在那瞬間，可以說已建立牢固的根基，因為我們能看清自己與念頭、情緒都是分離的。在我們與自己的念頭之間，是有距離的。

禪修讓我們放下對於「我」的執取，因為看清這些念頭不等於個人的認同，而是心快速作用的結果。我們由此獲得洞察力，能看清念頭的生滅，而不再受制於念頭，突然間，一切都豁然開朗。或許我們已花了一輩子時間——以佛教的說法可能是「累世累劫」，一直想認清心的活動。如今，專注

於一與當下覺知給予我們革命性的機會，在不被念頭吞沒的情況下，觀察心的活動狀態。

這情況讓我想到攀岩活動。若你緊抓著岩石，前臂就會完全扣住而無法動彈，這樣會導致肌肉僵硬。但若你能全身放鬆，身體微向後傾，讓自己與岩石之間保持一些距離，那麼肌肉會變得十分靈活且能發揮作用。你便能順利地攀岩，看清自己的方向。同樣的道理，藉由讓自己與念頭之間保持距離，心將變得更加柔軟，對於人生方向也會更加明確。

▎看清念頭，不受纏縛

一旦我們掌握到辨識念頭的竅門並專注於呼吸上，便是往核心又邁進一步。我們可能會在此遇見豐富的幻想，「幻想」就是一個極龐大的念頭，具有能將我們遠遠帶離當下的力量。它就如我們對自己述說的故事、在腦海中放映的電影，或吸引我們的連續劇，讓人陷入迷離恍惚之境。因為幻想引人注意且具有影響力，人們有時寧可相信幻想也不願接受現實。在這魔咒的催眠下，我們甚至不記得自己是在禪修呢！

有一次，我有個學生在做為期三年的禪修閉關。在第一年閉關結束時，我到小屋去與他討論禪修。他告訴我修行期間的某些體驗，各種幻象與悟見都現前。另外，他還問了一些問題。他興奮地詳述某些想法，似乎期待我肯定他的經驗。我傾聽他的話，讓他確信這一切的發現很有趣。我未做任何價值判斷，只是鼓勵他繼續精進。

一年後，我又去拜訪他。這一回他整個人平靜且放鬆許

多，以前那股急著與我分享各種修行體驗的狂熱，如今只視為理所當然的現象。「喔！我把那些全放掉了，我發現那不過是個超大的念頭。它持續大約一年時間，在過去幾個月以來，我已看清它的真面目，且放下了它，感覺就像是驅走一片雲。」

　　他整個人顯得自在多了，彷彿有了某種重要又勇敢的發現，他確實也做到了。在我們清楚辨識念頭之前，它可以持續好長一段時間，但只要我們持續修行，最終必能看清它們的真面目。

　　如果我們幻想著自己正在享受長假，到亞馬遜河去泛舟作樂，便可見到濃濃的樹蔭，下一餐就嘗到想吃的東西。我們可能得花很長的時間，才會注意到心在玩什麼把戲。當開始禪修時，若剛好發現自己正在幻想，可能會自以為訓練有素。雖然在禪修的大部分時間裡，我們都是如此，也遲早會發現這些妄想——關於食物、性、報復、八卦消息或禪修結束後要幹什麼，這些其實都有力量掌控我們的心。

　　於是，我們漸漸認清幻想是如何不斷讓人遠離當下，並偷走我們的專注力，如此才能繼續精進。在禪修結束後，我們可以自問：「我有多少時間確實專注於當下？我到底神遊過多少國家？探望過多少人？」禪修過程中絕大部分的時間，其實都是在應付那些狂野又複雜的念頭。

　　我們運用禪修技巧，調伏自己的心安住於呼吸，穩定下來應付種種狂野的念頭。學習認清妄想，讓自己不受它纏縛，這便是我們增強力量的方式。

■打破有「我」的根本幻想

對治幻想的方法猶如對治其他念頭，只要我們覺察這種分心的狀態，就將它視為「動念」，然後跟它說再見。我們必須放下那個極有影響力的念頭，它可能是蘊藏於內心長期累積的憤怒或性的能量，以及所有的不安全感。我們還是得承認那個念頭的存在，可能的話，再將專注力回歸到呼吸上。

有時期待自己做得如此精確，實在是要求過分了一點，把心抓得太緊可能有害。當我們過於嚴格地控制時，心一逮到機會就會逃逸無蹤。幻想帶我們逃到遠方去，或到大溪地島上度過一個浪漫假期，或在另一個地方跟母親爭吵。這時，我們連自己的身體都無法覺察，更別提呼吸了。要自己突然放下一個大念頭，立刻回到呼吸，可能太嚴格。要對治較大的念頭時，放大禪修的對象是種較為溫和的方式。如同給一匹野馬廣大的草原任其馳騁。

回到房間靜坐，是對治較大念頭的方法之一。試著在房間裡保持專注，讓環境幫助你穩定下來，直到能感覺到自己在身體裡，然後再重新與呼吸連結。如果又有一些小妄念生起，這時或許該感謝它們。「之前，我想像自己身在北極，現在我盤算著晚餐該吃什麼，這也算是一種進步。」事實是——至少我們身在此地。如果有些小妄念生起，那不是什麼問題，我們多少還在此地。逐步地將注意力拉回來，並逐漸專注於呼吸，這是對治幻想最有效的方式。

幻想不斷強化我們希望「今天事事如意」的態度，它滋長了人們內心的希望和恐懼，進而帶來憂慮。但我們不用在禪

修時憂慮，擔心與焦慮會造成壓力，而壓力又引起痛苦。由希望和恐懼所形成的痛苦，會不斷障蔽我們的正知，讓人看不清當下發生的事。我們心中只是一直盤算著，事情發展可能有的最好和最壞的狀況，而無法將身心安頓在當下。

我們最根本的幻想是：「我」是真實的，在這世間必然有方法能讓「我」快樂。我們禪修的目的便是要打破這幻想，不久，我們發現到許多以往認為於自己是真實和永恆的，並非如此堅定不變，而只是我們費盡心思想掌握的念頭之流。我們從薄弱的概念之網中建立某種認同，這讓我們天真地以為，只要得到自己想要的東西便能快樂。

第三圈：情緒

理性分析，拆解情緒

進入「止」的下一圈時，我們會遭遇極強烈的情緒。即使在心最平靜、開放的狀態下，對治情緒仍是件困難的任務。

▍思惟情緒的生起

所以，首先要緩和下來，呼吸，並穩住自己的心。然後，可以採取兩個方法，第一個方法端視堅守禪修技巧的耐力而定。如果修行已到達某種境界，那麼就只要呼吸，並放下強烈的情緒，那是我們應做的。仰賴我們穩定的心，藉著禪修的力量，將心專注於呼吸上，這樣能讓心不再與情緒黏在一起。如此一來，情緒便不能再控制你。

另一個方法是，藉由思惟的力量來化解情緒。我們了悟到，情緒只是感覺起來很堅實而已，明白它的不真實，就能加以化解。世間所有事物都是由許多部分所組成，情緒也是如此。負面情緒最令人痛苦且具有力量的地方是，它本身似乎綿密而且有整體性。一個念頭逐漸加強至頂點，然後我們將它表達出來，這就是「情緒」。

憎恨、欲望或嫉妒這些滿漲的情緒，堅實到令人感覺如鯁在喉，也如熾熱的狂潮和陣陣噬人的心痛。當我們陷入負面情緒時，很難想像自己能穿透或粉碎它堅硬的外殼。例如，當瞋念生起時，我們的身、語、意便完全被占據，就算我們並未藉著狂吼或甩門來宣洩，瞋火仍如野火般狂燒，再以各種攻擊和傷害性的念頭火上加油。

比方說，我們正坐在飛機上。前一刻，空服人員才剛端上食物與飲料，下一刻飛機突然陡降。我們前一刻還充滿安全感，轉眼卻滿懷恐懼。雖然駕駛員很快地重新控制飛機的狀況，但我們受驚嚇的心，卻得花好長一段時間才能平復。即使後來飛機安全降落，那股恐懼感仍如影隨形，揮之不去，讓我們對搭飛機這件事感覺極不自在。

▌情緒只是心的產物

尤其是我們培養出內在穩定和平衡的力量後，才開始逐漸看清自己的心是如何形成各種的情緒。

即使情緒感覺如房子一樣龐大，我們仍可以學習將情緒一塊塊拆解。在拆解的過程中，可將情緒當成禪修的對象。情

緒是我們對某件事或某個人的反應，事先並無深思熟慮或邏輯的推理。能拆解成功的原因在於，我們運用一直被忽略的元素——理性。

我們先開始研究感覺：「我為什麼會生起嫉妒心？是什麼讓我產生這種感覺？」我們暫時將注意力放在這些問題，而非呼吸上。我們愈具有理性，拆除情緒磚塊的能力便會愈強大。我們觀照各種負面情緒形成的原因，以及它們如何進一步產生痛苦、苦惱與焦慮，然後就可以開始一一拆解它們。

透過理性，我們看清情緒的根源，如他人對我們說過的話，或期望落空時的失望。或許情緒生起的理由非關乎個人，而是某個對象，例如一張椅子、一輛車、一塊布或食物，這些都可能隱藏在我們的欲望、憎恨或嫉妒的表層下。

當我們思惟情緒時，會清楚地了解到不論是人或物，都不是情緒生起的原因，其實「我們」才是主要的原因。情緒是心的產物，是我們將念頭轉變成某種看似堅固的實體，並執持不放。

▍與情緒保持距離

在每個情緒生起的情境中，都會有主體、客體與行動。例如，在印度開車就是種令人沮喪的經驗。那裡的馬路窄得僅能容得下一輛車通行，而且路面崎嶇不平。如果你前面正好是輛慢吞吞的烏賊卡車——其實路上幾乎全是烏賊車，而你有個十萬火急的理由非超車不可，但根本不可能超得了，於是你滿腦子想的全是這條馬路、那輛卡車以及自己想要怎

樣。不久，你的內心只剩下滿腔怒火。當你終於逮到機會超車，卻發現那位卡車司機只是在勉力討口飯吃的社會邊緣人，熊熊怒火頓時消失無蹤。

以這個情況來說，主體是「我」，客體是那輛卡車，行動則是你被卡在卡車後面。塞車的情境帶來的痛苦也是客體，你很生氣那輛卡車擋路，生氣自己被卡在後面。你為自己只在車陣中無法動彈而生氣，也為自己對此生氣而賭氣。這些就是那股情緒的組成元素。

當我們想到這些組成元素時，怒氣便會煙消雲散。與自己的情緒保時距離，會產生一種「凝固」的效果──這念頭能讓我們更貼近憤怒，這點非常重要。藉由思惟情緒，能削減它掌控我們的力量，進而與它產生距離。理性產生的冷靜，就是讓我們審視情緒、質問它來自何處、探尋它存在的根源，以及審察它的對象，從而消融情緒的熾火。

我們開始懷疑，為何會耗費這麼多精力，在心所製造的這種感覺上。重點在於所有事物皆隨因緣而聚合，終究會消散。我們會慢慢地找回自己的洞察力、平靜、穩定與尊嚴，看清當中並無憤怒、欲望或執著。心感到更輕鬆了，於是我們便又能將心放在呼吸上。

但有時不論放下念頭或拆解情緒，都無法奏效，這是由於內在的創痛過深，而無法運用理智或邏輯，也無法看清情緒並釋放它，身心完全被占據，思惟的方法在此時只會火上加油。我們太貼近情緒，以致無法採取行動，它發生得太快，令人無法細察事件的場景。

這時，就必須保持冷靜並放鬆下來，最佳的方式可能是去做些紓解情緒的活動，例如散步、淋浴、讀書、找朋友聊天、看場電影。等稍微平靜後，再回來靜坐。了解自己在何種狀態下能禪修，才是誠實的禪修。

第四圈：散亂的念頭

如實看住念頭，截斷散亂之流

在「止」的下一圈中，我們會碰到散亂或狂野的念頭，它們令人分心，卻不像幻想或強烈的情緒那樣有力。散亂就如煩人的嘮叨聲，是腦海裡常有的噪音，它是由隨興的、毫無連貫性的念頭所組成，與完整流暢的故事截然不同。

■ 散亂比幻想或情緒更具滲透性

雖然如此，散亂卻比幻想或強烈情緒更具滲透性，但這種看起來普通的散亂，更容易讓人一直耽溺在「我」的陷阱中。它猶如無關緊要的嗡嗡聲，遮蔽我們自然澄明的心。

禪修時，我們心裡還不斷惦記著在學校或公司裡發生的事、跟他人說過的話，或想跟他人說的話、計畫待會兒要做的事情……但基本上仍覺察自己正在禪修。

我們偶爾會從這些偏離當下的散逸狀態中探出頭來，然後再度回到呼吸上，但不久之後，心又開始浮動起來，帶著我們到處飄盪。

散亂感覺上就像不停地轉換電視頻道：先是看老電影，一

下子轉到體育台，然後連續劇，接著又轉到新聞頻道。它也可能是很想搔搔鼻癢的惱人欲望，或是不斷地猜測禪修何時結束。

散亂具有高度振動頻率的特質，這也使得它產生獨特的破壞效果。在二十分鐘的禪修結束後，我們就會蹦出這個念頭：「怎麼搞的！」

■ 如實地看住散亂的念頭

在對治散亂時，我們可能很想逃開自己的控制。然而，重要的是反覆地將心放在呼吸上。看清念頭，承認它的存在，讓它消失，然後回到呼吸上，這樣便能截斷散亂之流。

別去想自己的念頭是什麼，只是如實地看著它，並將心放在別處。體驗心在這一層次的活動狀態，已經是止禪訓練中很大的一部分。如果在禪修中穩健地對治內心狂亂的嘮叨，在日常生活中要做到保持正念，就容易得多了。

第五圈：微細的念頭

專注呼吸，任微細念頭自行生滅

在對治散亂的過程中，我們的修行變得非常清楚。這份清楚將我們帶進寧靜安住的最核心，能覺察在其中所生起的極微細的念頭。這情形猶如站在一條被冰雪覆蓋的山澗邊，我們聽見小水泡中冒出來的聲音。

各種念頭的顯露猶如喃喃低語，在我們穩定專注地呼吸

中，有個細微的聲音冒出來：「我的方法正確嗎？我覺得冷。」雖然表面看似凝如止水，但底下其實有條河流潺潺流動，我們稱之為「微細的念頭」。

只要繼續專注於呼吸上，就能讓這些念頭自行生滅，微細的念頭自然會消失。若是將絲毫的注意力放在這些微細的念頭上，都很容易增強它們的力量，而擾亂我們的心。

中心點：寧靜的安住

體驗人性的本初善

當然，在某些時候，我們必須去面對那些念頭。但修止的前幾個階段，我們會藉由專注呼吸，放鬆身心，而獲得另一種力量，這樣能培養心本具的寧靜。不斷地將心專注於呼吸上，便能減少思緒的活動，讓心更為平靜。

體驗了心的穩定與喜悅，就會比去聽內心喋喋不休的噪音，來得更有吸引力。我們了解寧靜安住的經驗，其實只是念頭逐漸減少的過程，在這光圈（止）的核心，我們會體驗到自己的心安住於我們的本初善之中。

第四章 ▋ 無聊的好處

在香巴拉社區中，我們有個為期一個月的課程，所有參與者都要整天修習寧靜安住，休息時間則做行禪，以及練習香巴拉瑜伽。他們採用日本僧院風格，稱為「御流儀」的用餐方式，這表示大家在一天之中，要保持沉默，並禪修十二個小時左右。

與無聊的抗爭

一個月的課程中，在內心和社區裡，都常發生各式各樣好笑又有趣的事，從幻想到看見房間另一頭有個人在靜坐，到禪堂傳來的咯咯笑聲都有。這些能量的波動，反映出人們與無聊抗爭時的狀態。

害怕無聊，常令人對禪修敬而遠之。我老是聽到有人抱怨：「你是說我得整天坐在那兒無所事事？那我會無聊死了！」我們害怕那種無法找到任何樂子，以及沒有東西引起興趣的可怕光景。

在禪修中，我們孤立自己。首先，將身體孤立在一個非常安靜的地方，盡可能地減少外界的刺激。我們以簡單的姿勢端坐於蒲團上，然後孤立自己的心，將它放在呼吸上，並讓它一直安住在那裡，最後念頭慢慢地減少。

若能沉靜下來，安住於自己內在的空間裡，那麼，相較於

一般生活的嘈雜混亂，我們會更珍惜禪修中不受外界干擾的寧靜狀態。但有時仍會感到無聊，因為我們並非總是喜歡自己的處境。

看清無聊的眞正面目

有時無聊有助於我們享受禪修的單純樂趣，有時對修行而言則是一種威脅，那是個「三不管地帶」，我們無法在那兒充分體驗寧靜安住。無聊感甚至可能刺激我們離開蒲團，停止靜坐。

▌想找東西塡補空虛的焦慮

無聊分成好幾種，其中一種潛藏著焦慮，我們並非對自己感到完全地自在。當坐下來禪修時，突然不再有外界的聲色娛樂，但我們的感官早已習慣速度與刺激，若不受外在刺激，就無法滿足自己。

我們覺得自己被禁閉得快要瘋掉，像個無所事事、悶得發慌的小孩，那股煩亂會讓人渴望找個東西塡補空虛。當我們在機場或診間等待時，總是會順手翻閱雜誌，或以手機、電動遊樂器來解悶。

但在禪修時，沒有任何事物可以攀緣，我們便試著自己找樂子來應付無聊。於是，我們並未專注於呼吸，而是以外界的聲音或觀察小昆蟲的活動自娛。觀看其他人的禪修百態，猶如欣賞一部劇情片那麼有趣。

▌害怕獨處的恐懼

另一種無聊是根植於恐懼。我們害怕被拋棄於一隅，黯然獨處，因為我們在面對自己的心時，不知該如何放鬆。這好比在晚宴中坐在某位舊識旁，聽說他太太才剛離開他，但別人都還不知情。這時，你感到渾身不自在，小心翼翼地找話題與對方聊天，又深恐碰觸到人家的痛處。

修行也是如此，在禪修時，我們也是戒慎恐懼，因為不習慣在毫無內在活動的狀態下安住。那實在太安靜了，如果將自己完全放鬆，進入那片虛空之中，我們並不確定自己是否想知道會發生什麼狀況，於是只想停留在安全地帶。我們無法更深入自我，又無其他事可做，結果就是令人恐懼的無聊。這份恐懼，源於我們無法想像心處於寧靜中時，會是什麼狀態。

這兩種無聊具有輕微的侵略性，使我們無法好好地修行。我們希望事情會有所改變，便一直坐在那兒禪修，心中企盼某件事發生或不發生，對於自己身處如此窘境，而感到既憤怒又挫敗。

徹底品嘗無聊的滋味

事實上，我們可藉由觀察無聊，徹底品嘗一下無聊的滋味，並採取另一種對治的方式，這是評量自己是否進步的一種很好的方法。

瞧瞧自己是否已有進步：剛開始時，往往坐不住，不喜歡

自己如瀑流般的念頭，且隨時想起身去做其他事情的衝動，這些幾乎令人無法招架。我們掛念著洗碗、列出待辦事項，還有該回覆的電話。我們的心是如此慌亂，逼得身體極想離開蒲團來紓解壓力。如今，事物的步調緩和了，想要起身的衝動，也似乎沒那麼強烈了。

我們面對的是禪修時所產生的厭煩特質，它令人想要半途而廢。如果不向這股衝動屈服，就能開始收割無聊所帶來的成果。

▋重複的思惟模式才是真正的無聊

首先，我們要做的是，讓自己安住於無聊當中。端坐在蒲團上，什麼事都沒有發生，我們也了解這點，所以，不妨就讓自己安住其中。

我們可能會陷入自我，而變得目光呆滯，整個世界感覺既遙遠又模糊。這時我們或許並未完全專注於修行，但身心卻放鬆到能體驗這份單調，而不想向外追求樂趣，或遠離這個空間。於是，內心開始接受無聊是寧靜安住的一部分，這就是進步。

在禪修時，我們到底對什麼事物感到無聊？那事物並非寧靜安住，雖然禪修可能是觸媒。讓我們真正感到無聊的是，自己一再重複的思惟模式。雖然這些模式對我們而言，已可預測且清晰可辨，但它們仍不斷地生起。

我們看到自己是如何掉入這追逐幻相的陷阱中，而它的組合方式之多，簡直與昨晚夢境中出現的元素等量齊觀。我們

發現「午餐要吃什麼」的這個念頭，與「吃一頓飯」的實際感覺絲毫無關。我們明白將修行當做哲學思辨，並無法使自己更掌握根植於當下。

■ 冷性的無聊

不久，我們的無聊呈現出更豐富的樣貌。它不再如此貧乏，而變得寬闊、舒適又令人慰藉，我父親將此稱為「冷性的無聊」(cool boredom)。這是一種突破，我們已發現，禪修不是要滿足於想找樂趣的需求，或鞏固我們的「安適區」。為了獲得這個發現，我們必須徹底地經歷無聊。

當我們徹底厭煩自己的狂亂，並繼續運用禪修技巧，便會專心修習寧靜安住。我們看清種種念頭、情緒和概念，在自己身上所玩的把戲，這一切都源於無聊感——我們需要娛樂，害怕獨處，並希望從禪修中有所獲得。

這種無聊感並非什麼問題，它會鼓舞我們，因為我們不再覺得被困在一方蒲團上；我們認清自己的心如何運作，且渴望與心結為盟友，這時就可以放鬆下來。洞悉心的運作過程，正是強化我們修行決心的動力。這時，心中會生起某種喜悅感，因為我們不再抗拒整個過程中的任何一環。

我還記得有一回，參與由頂果欽哲仁波切所主持的一場為期好幾週的法會。我們坐在非常悶熱的禪堂中，聆聽他誦讀法本一天大約十一個小時。這種方式稱為「口傳」，是個很重要的儀式。

我們盤腿坐在蒲團上，聽他以藏語將一卷又一卷的法本念

一遍，那速度快得幾乎讓人聽不懂。人們覺得坐立難安，紛紛開始交頭接耳，有些坐在後面的年輕喇嘛竟玩起擲米戰爭的遊戲。我們真不知道到底要讀多久，才能讀完那個法本，在當時的每一天裡，我們都期盼明天就是最後一天。

課程大約進行了兩個星期後，我們眼看一大疊的法本逐漸縮成較小的一堆，到最後只剩下一本了。我們都確信，只要再過一天，這場口傳法會就要結束了，內心真是欣喜若狂。因為天氣實在悶熱難當，而且這段期間我們沒有任何休息，也沒有空去採買，就連洗衣服的時間都沒有。每天法會結束後，大家都筋疲力盡，回去後只管倒頭就睡。

到了最後一天，我們期待著宣布法會結束，結果卻完全出乎意料。仁波切竟說大家非常幸運，因為法本後面原本遺失的幾卷已經找到。於是，法會和念誦法本又持續進行一個星期左右，除了只好完全放輕鬆，並享受法會的樂趣，我們別無選擇。

對治無聊，繼續禪修

有時我們就是無法安頓下來，如果無聊開始發酵，就會讓人想逃避禪修，我們必須採取方法來對治這個習氣。我們可以先從自己的禪坐實驗起，在不同時間裡，專注於修行的不同面向。

■ 增強專注於一與當下覺知

我們可以在某天將焦點放在覺知姿勢上，跟隨著呼吸，來辨識出念頭的生起，但將注意力特別放在身體上；其他時候則可逐漸熟悉呼吸的過程。

在下一次禪修時，可強化自己辨識念頭，或斬斷散亂思緒之鍊的能力，因為我們常因散亂而讓心飄到喜瑪拉雅山上去了。接著，可以專注於辨識念頭的過程，例如，辨認出念頭的痕跡。

藉由加強禪修技巧中不同的組成要素，我們增強了專注於一與當下覺知。當然，將這種靈活性運用於修行中的另一方面，則是要明白，何時該回歸到單純的修法上，並且將專注力放在呼吸上。

■ 看清自己的問題

每個人都碰過修行既困難又無聊的時刻，但這有助於在禪坐前，先覺察自己心的狀態。例如，當我們開始禪修，但發現自己完全無法專注時，就可以試著坐在蒲團上，讓想像力天馬行空地狂奔。我們可以去想自己面對的各種難題，並且讓這些念頭和幻想盡情玩完。但在這個過程中，我們是帶著覺知來做這件事，任思緒自由飄盪十分鐘後，再將心放在呼吸上。

有時，理智與各種對治方法似乎都不見效。在這期間，就得往內心更深處去探索，找到繼續前進的動力；或審視自己的人生，看清禪修中所體驗到的痛苦或緊張，是否源於在別

處所遭遇的困難。

修止並非某種耐力測驗，也不會驟然解決所有問題，但它確實能幫助我們看清自己的問題如何生起，因為它訓練我們辨識出念頭和情緒，以及任由這些念頭與情緒浮沉，而不去攀緣。

即使是感到無聊的時刻，我們仍能修鍊自己的心，這有助於我們應付日常的生活。因為修行開展了我們的視野，並超越各種念頭和看法，讓人不會從「毫無彈性」、「自我保護」的立場來待人處世，反而有更多的耐心和包容力，我們也比較能設身處地為他人著想。這樣一來，禪修讓我們變得更加成熟。

第五章 ■ 懈怠

大約二十年前，父親和我前去拜訪一位有弓道傳承的大師——柴田老師，他是我的日本箭術老師，也是日本皇室的御用製弓匠。他的責任包括在著名的神社前做儀式性的表演，他的家族歷代以來均在此地供奉神祇。

我拜訪他的那年，柴田老師的兒子是此一族系的繼承者，即將於神社前表演射箭儀式。但就在典禮舉行前幾天，他因製作弓箭不慎，造成手指嚴重割傷，因而無法表演射箭。

挑戰你的極限

典禮當天清晨五點左右，有人把我搖醒，要我代表香巴拉佛教傳承與柴田家族，在典禮中表演射箭儀式。我本以為他們在開玩笑，儘管我曾學習箭術多年，但要在這種特殊場合，從容表演各種精妙如舞藝般的拉弓技巧與射箭姿勢，我實在毫無概念。

當我準備出發時，柴田老師早已前往神社。我簡直不敢相信會發生這種事，我將會是第一個不屬於柴田家族，卻在這座神社前獻供的人，我完全不知道自己在做什麼。當我到了那裡，人們替我換上正式的袍服，我就像要粉墨登場的演員，卻不知自己的台詞是什麼。現場有數百位高官顯貴、觀禮的來賓與攝影記者們，大家都等在那裡。我試著問明步

驟，希望能得到一些指引，倉卒之間，沒有人能向我解釋整個狀況。當下我決定，全力以赴吧！

結果是，老師早已做好安排，由他親自擔任我的助手。他說在儀式中，我若做錯任何動作，他會在一旁向我輕聲提示——但他幾乎不會說英文。所以在整個儀式進行過程中，我只是不斷地聽見他低語著：「左邊，拉弓；右邊，拉弓……移動扇子，拉弓……」然後，我終於射出那枝儀式之箭。結果一切順利成功，我不敢相信自己竟然辦到了。老師欣喜不已，事後還特地請我到他最愛的那家麵店去大吃一頓。

對治障礙猶如拔除雜草

像這種不得不臨陣磨槍的力量，讓我超越了我自以為的極限。在修行中也需要類似的挑戰，因為我們無法以概念性的理解，探知自己的真實狀態。事實上，我們這麼努力地讓心專注，目的就是要全然放鬆。

信仰與概念所構築的網，建構了我們堅固的自我感，藉由鬆開這個網，我們才能軟化本初善的土壤，使愛與慈悲破土而出。假若禪修得夠久，我們就會發現，在這過程中也有不少障礙。

這些障礙就是使人心狹隘、僵化、固執的種種習性，如果希望自己的心能柔和而順服，就必須知道如何對治那些習性。有些外在的障礙，例如懈怠——一般的懈怠、沮喪，以及忙碌不堪，這些狀況都會妨礙禪修。然後，等我們坐到蒲

團上，又會有忘記老師的教導、掉舉、昏沉等內在的障礙。

　　猶如拔除花園裡的雜草，對治這些障礙是禪修過程中必然出現的狀況。坐在蒲團上，奮力對付這些挑戰，是另一種建立自信與勇氣，使自己精進不懈的方式。我們應當感謝障礙的生起，因為它們是我們修行之路上的動力。經過一段時間後，當見到阻礙時，甚至會感到欣悅，因為我們明白這是磨練心的機會。當面對的阻礙愈多，將更有信心對治它們。

懈怠是初學者最艱鉅的挑戰

　　初學禪者面臨最艱鉅的挑戰之一就是懈怠，在坐到蒲團上之前，懈怠就可能是個障礙了，因為它可能會讓我們打消靜坐的念頭。「懈怠」一詞的藏文是lelo，發音是「累漏」（lay low），在任何一種文化中，「懈怠」都表示躺得愈低愈好。

　　懈怠有種逐漸枯竭的特質，彷彿我們的生命力極為低落，它有時很難被人察覺，因為感覺上它就像是我們的一部分。它侵蝕我們最深的根柢，以人的舒適為第一優先的面貌呈現。我們可能已經睡了很久，卻覺得身體更加懶散；我們平日寧願躺在沙發上看電視或翻閱雜誌，累了就躺在地板上呼呼大睡。

　　我有個朋友對於懈怠的攻勢，尤其毫無招架之力。某日，我們兩人都很優閒自在，他想要在沙發上休息一下。於是，他先是給自己倒杯飲料，放在咖啡桌上，然後悠哉游哉地躺在沙發上。幾分鐘後，他發現飲料因為放在桌子的另一端而

拿不到。

　　由於懶得起身，他就順手用他在沙發坐墊下發現的衣架子去套住茶几的桌腳，想把小桌子拉近一點。可想而知，結果就是整杯飲料都打翻了。我們就是這樣，往往耗費過多精力屈就於懈怠，而不肯老實地面對自己的生命。

　　我們必須了解，從禪修的觀點來看，懈怠是會控制心的特別方法，心整個退縮到自身之中。在最極端的情況下，當我們真的非常懈怠時，全世界似乎都遠在天邊。這時，我們幾乎不可能做任何事情，只覺得自己像是在地上爬行的一條蛇，其他事物似乎都在樹頂那般，既高且遠。

　　如果有人問：「你幹嘛不去找點兒事情來做呢？」我們就會覺得煩躁、生氣，因為內心無法應付這種情況。整個人完全陷入黑洞中，猶如躲在洞穴裡的動物。我們對外界事物毫無興趣，心整個被封藏起來。

懈怠的根源就是執著

　　如果感到懈怠，那麼即使勉強坐在蒲團上，也無法在禪修中運用基本技巧，甚至連挺直背脊的力氣都沒有。我們無法正確地修行，心裡只想著：「反正我就是不想靜坐，我沒有時間。」更嚴重的甚至認為：「我不見得需要靜坐。」

　　不論我們給自己什麼藉口，懈怠的根源就是執著──執著熟悉的妄念與散亂的念頭所帶來的舒適感，我們寧願一味追求這份舒適感，而不願確實地遵循禪修指導所獲得的醒覺。

這種習性是禪修的障礙，若無法看清這點，我們可能因懈怠而耽擱很久，甚至是好幾年。這層危險性尤其隱伏不彰，因為我們哄騙自己相信，以為偶爾有些念頭也無所謂。

若是較多的念頭或白日夢生起，通常會覺察得到。但懈怠的徵兆之一是，絕大部分的念頭都在不知不覺間溜走了。我們覺得花二十分鐘或半個小時在禪修上，實在太多了，於是寧可花十五分鐘，去回味昨晚的舞會玩得多麼愉快，或計畫今天的節目。

我們想：「沒人知道我心裡在想什麼，所以，我要利用這時間計畫一下。然後，我再花個五到十分鐘禪修，讓自己感覺舒服些。」這就像是只為買點玉米或洋芋片而到超市閒逛，買完後又去看其他東西。

當我們讓自己在散亂的念頭中遊走時，猶如讓心到處閒晃著找零食吃，假如在那兒閒逛太久，整個禪修最後會只剩下這些無關緊要，看來一點傷害也沒有的念頭。

懈怠會以忙碌的樣貌出現

當我母親從印度搬到美國時，看到超市如此龐大，她感到非常驚奇，對於各種貨品如此豐富齊全，更是驚訝不已。最令她嘖嘖稱奇的，就是一整排的寵物食品區。看到人們花這麼多的心思和金錢在貓、狗的民生問題上，她感到十分驚訝。在印度，狗兒若能吃到殘羹剩飯已算很幸運了，那裡有許多狗兒終其一生都在四處覓食，只為了填飽肚子。

在禪修時，如果我們習慣在心中到處徘徊，那麼靜坐之前，就應當告訴自己不要受到散亂的誘惑。發現自己分心時，必須認清現在已在做禪修以外的事，且這件事對禪修毫無益處。我們得辨識、認清和放下這些無關緊要的念頭，除非它是「我聞到煙味，房子著火了嗎？」之類的緊急狀況，否則就應該將心放回呼吸上。當禪坐結束後，這些念頭、妙點子與各種決定仍然會在那裡的。

■「馬上去辦」只是逃避禪修的藉口

懈怠也會以忙碌的面貌呈現。當我們利用「馬上」來逃避面對心時，那麼「馬上」也是種懈怠。剛開始禪修時，我們在每日的修行時間表上，重排事情的輕重緩急，顯得興致勃勃，但我們並未考慮到習性的力量。

維持忙碌的狀態可能是逃避禪修的一種方式，就在我們準備禪修之際，突然間冒出有些小事需要去辦，例如澆花、刷牙、收電子郵件等。不只要做，且是必須「馬上去辦」。這是一種忙亂式的懈怠，一般稱為「拖延術」。

當修止讓我們瞥見自己的心，原來是多麼開放而又喜悅時，這股拖延的力量就顯得更具影響力。藉由虛構各種自我陶醉的故事，來抗拒心本具的開放性，使自己繼續處於「我」的安全地帶之中，這是一種非常古老且根深柢固的習性模式。拖延術是種寧可選擇遁入散亂，而不願安住於寧靜的心的方式。

▌從事有意義的活動是種拖延方式

我們的另一種拖延方式是，藉由從事看來很有意義的活動以逃避禪修。或許我們是在幫助動物或其他人，雖然這些活動對動物或他人有益，但若利用它們做為逃避禪修的藉口，那就必須仔細地審視並自問：「我的生活方式能配合我的修行嗎？從禪修的角度來看，我所做的事有所助益嗎？」

顯然地，有時禪修是困難的。我們可能想逃避修行，逃離蒲團，甚至逃開「禪修」這兩個字。我們可以照自己所想，逃得愈遠愈好，但終究還是會發現，沒有任何一個環境，能比得上禪修可以讓人建立心的穩定、清明與力量。

同時，如果逃避修行，那麼無法運用禪修技巧、無法擺脫心散亂的現象，也都不會就此消失。在不斷拖延的過程中，我們錯過了一件真正能讓生命脫胎換骨的事。禪修讓人保有與生俱來的能力，使我們能不斷地以有意識、自信和平衡的心態過日子。

氣餒是懈怠的另一種樣貌

另一種懈怠是氣餒。我們對修行中遭遇的障礙，感到沮喪、洩氣或受挫。我們將之視為個人的失敗，更加深信這障礙堅不可摧，而逐漸失去對自己修行能力的信心。我們會說：「我怎麼可能培養精進禪修的能力？」若是已在禪修，我們則會說：「我怎麼可能完成此一階段的要求？」在知道答案之前，我們對禪修已感到絕望。

當我的父親在一九八七年圓寂時，頂果欽哲仁波切為父親主持傳統的葬禮儀式。事後，他建議我們在洛磯山脈建造一座高一百零八英呎的佛塔，以紀念我父親多年來將佛教傳揚到北美洲，以及教導西方弟子禪修的功勞。

佛塔是傳統神聖的建築，象徵佛陀證悟的心，建造一座佛塔包含許多複雜且精密的傳統式的設計規畫。我們對這項工程的浩大、複雜，感到有些壓力沉重，因為它是北美首座如此巨大的佛塔。我們在一九八八年開始動工，每年夏天繼續進行工程。

每一年，我們都必須蒐集各式各樣的資源，有數百名各地來的義工共襄盛舉。策畫這項工程的核心人員，必須不斷地耗費自己的資源，前後長達十三年的建塔期間，他們在洛磯山脈貢獻出每一個寒暑。

就某種意義而言，我們都在建塔過程中學會如何建造一座佛塔，不論是有關技術工程、建造、資金，以及傳統工藝方面，每項因素都是無比艱鉅的挑戰。激勵我們繼續做下去的力量，在於大家相信這座象徵證悟的佛塔，會為眾生帶來極大的利益。

隨著佛塔的外觀逐步成形，我們的信心與力量也與日俱增。眼看它一點一滴向上聳立，我們克服了內心所有的疑慮和猶豫。西元二○○一年的夏天，佛塔興建完成，我們特別為此舉行一場盛大莊嚴的開光大典，當天有數千人到場參加。縱然在建塔過程中，我們曾遭遇無數險阻，但堅定無畏的決心讓所有困難迎刃而解。

懈怠等於失去禪修的勇氣

關於修道上的各種障礙與對治之道，是來自於印度與西藏源遠流長的禪修法脈傳承。我們實在很幸運，能有先人們將修行的困難詳細地記錄下來，因為即便我們的修行條件可能與古人的極不相同，但禪修道上所生起的障礙則從未改變。很幸運地，這些對治之道也通過時空的考驗。

懈怠是與最初驅迫自己開始禪修的勇氣失去聯繫的徵兆，我們不再明白自己為何要禪修；對於放棄令人感覺舒適的思惟模式，內心感覺受到威脅。禪修與我們長久以來習以為常的習性背道而馳，這些習性大部分關切的都是無窮盡的「我」。

我們習於不斷虛構各種心念，去投射、編造情節、意見、故事，將自己所創造的統統糾集在一起。但禪修卻讓人覺得自己好像開始崩解，舊有的習性剛開始令人感到十分安慰，因為這些習性讓人以為我們就是自己所想的那樣，於是我們發現到，自己又回復到根深柢固的模式，只為更強化那個自我創造的「我」的概念。

禪修的目的，是為在心覺悟的那一面得以呈現時，讓我們能看穿虛假的「我」的概念。我們必須使那份虛矯消失，生命才能繼續向前開展，因為它使我們感到不安。

激勵自我禪修的好方法

古代修行者發現禪修能夠成功的關鍵，是在於與更廣闊的見地連結。他們提出四種激勵禪修的方式——柔軟、信心、願欲與精進。

■ 柔軟——心是開放的，且充滿好奇

懈怠的心就是已變得狹隘和僵固的心。由於禪修與我們的習性不合，所以我們心生抗拒。柔軟的心則具備許多可能性，因為它有彈性，不會從封閉的「我」的系統來看世界，所以不再受到「必須維持在安全地帶」的壓迫感所束縛。藏文以shinjang來形容這類的心，意思是「完全地調伏」。

完全調伏的心具備兩種特質，就是柔和與感興趣。這樣的心充滿好奇，不會落入懈怠或其他障礙的陷阱中，因為心知道如何維持開放的狀態。這正是禪修的重點，不是嗎？我們希望培養一種開放、好奇、柔軟的心。當擁有柔軟的心時，禪修的障礙就不會發生。

隨著禪坐習慣的養成，心也會變得更加柔軟。每當我們認出某個幻想或念頭，心就跟著愈加調軟，逐漸不受概念與情緒的束縛。依循禪修的技巧，能培養我們的好奇心而不會遲鈍，同時心懷感恩而不沮喪，還能以想像力取代種種限制。

為了克服懈怠，我們的心從一開始便要保持開放，且需要擁有好奇心、感恩心與想像力。我們必須激勵自己，例如你

或許並不想登山健行，但當朋友給我們看一張壯麗山景的照片，山的美麗激發了我們，而破除懈怠。

先前，我們的心是封閉的，如今則又充滿活力。一旦走出低沉的心境，我們便能驅策「風馬」勇往直前。同樣地，透過心的開放和想像力，我們也能克服懈怠。

▌信心——超越禪修障礙的支持與動力

當聽聞法教並親身體會其真義——修止而能寧靜安住，然後我們心中便生起某種信念。這並非盲目的信念，而是奠基於與禪修所建立的關係，我們透過親自體驗過修行，進而產生信念。

我們信任心的清明與自信，或許正是剎那的清明，激勵我們踏上修行的第一步。當看見一座佛像、讀一本書，甚至看到某個朋友在禪修，都能讓我們產生一種立即的清明感，希望能踏上修道之旅。透過戒律與全然專注，來測試「止」的作用後，我們明白可以信任這種禪修技巧，且很清楚它如何運作，因為已親身體驗過。我們見識過自己的心如何頑固、狂野而不受調伏，也曾擁有過片刻的寧靜安住。

我們明白心不見得永遠只會製造麻煩，在習性的硬殼下，我們已感受到心的包容性與開放性。我們得不斷重新評估和深化對禪修的理解，因為它很容易就會扭曲。這過程令人建立起信心，我們可運用這份信任，在心生懈怠時，提醒自己修行的目的。

鼓舞是一種立即的渴望，一種可用來充電的閃光。猶如在

炎炎夏日中，有一杯清涼的冰檸檬汁，你心裡想著冰塊，想著那酸甜的滋味、沁涼的玻璃杯，甚至杯沿的那片檸檬，這些都能驅使我們從前院的長椅中起身，走進廚房弄點清涼的飲料。

同樣地，我們也能利用想獲得心的清涼的渴望，讓自己安坐於蒲團上，運用禪修技巧。我們憶起隱藏在自己的迷惑和痛苦、令人備受壓迫的熱氣背後的，是個清涼寧靜的所在。我們渴望到達那裡，且信任禪修能帶來令人振奮與喜悅的一面，因為我們曾聽聞、研讀過，也體驗過。這是我們超越沮喪和拖延這類修道上的障礙時，所需要的支持和動力。

▉ 願欲──想更進一步探索禪修的渴望

下一個對治的方法是願欲，願欲是帶著堅定感的信任。我們決心要獲得證悟，決心效法佛陀，或任何已主宰自己生命、了悟事物本然面目的廣大真理的人。我們看見外在環境的無常，不再滿足於以期待和恐懼作為生命基準的方式。如今，我們願依賴自己的穩定、清明與內在的力量。

這份決定之堅定，足以克服任何阻撓。在禪坐中發現自己的心散亂且懈怠時，那份想要打破堅硬外殼的希求，能激勵我們運用禪修法門，將心拉回呼吸上。只要心中閃過一絲期待自己安詳自在的念頭，這份力量就足以化解懈怠。

沒有人告訴我們應將自己視為真實的，而且我們絕非唯一對此有所誤解的人。懈怠也可能以自責而令我們陷入混亂與痛苦的方式呈現：「這種文化只是讓所有人都陷入沉睡之

中，沒有其他人在禪修，我又為何要與眾不同？我想還是先觀望一陣子再說吧！」

佛陀說，如果以此方式看待禪修，那我們可能要等很久，甚至永遠都沒有機會修行。人必須為自己的心境負責，我們內心的困惑既無法歸咎於他人，也不能期待別人鼓勵或肯定自己的修行，而必須將自己視為一切無明與覺悟的根源。

禪修猶如結交一位懂得循循善誘的益友，他告誡我們應當如何生活，如何面對自己的心，並將自己視為本質上清醒的人。跨出第一步，就已開始在解除自己的迷惑。我們已見識到禪修讓人重獲理智與幸福的能力，願欲則是想更進一步探索的渴望。

就如爬一座山，爬到某處已疲累不堪，覺得再也無法繼續，於是停步休息，並回顧到底走了多遠，這時才驚覺已爬得這麼高了。在西藏，當我們攀登到像這樣的地方，便會發出勇士的吶喊──「Ki ki so so, lha gyel lo！」這句話基本上是說：「何等全勝的視野！」開闊視野的力量，就是給予我們繼續前進的勇氣，這便是願欲克服懈怠之道。

▌精進──專注勤修不懈怠

假如我們以為只要端坐蒲團上，就是開始禪修，那可就搞錯了。禪修是出於內心真正需求才去做的，我們必須是過程的一部分。這並非表示要費力去做這件事，而是說心必須要專注。

專注的心所具備的力量能驅使我們朝向禪修邁進，那便是

精進，它與令人卻步不前的懈怠相反。若不付出心力，便會隨波逐流。讓自己擺脫懈怠的吸引力、專注於靜坐上，以及正確地依循禪修的技巧，這些都是需要精進的。雖然「止」是安住於寧靜，但要讓狂野的心安頓在寧靜中仍需要精進。這份能量直接來自我們的信心與願欲、鼓舞與精進彼此這種共生的關係，使人更積極地從事禪修。

尊貴的貝諾仁波切是在世的少數幾位真正的禪修導師之一，對我而言，他永遠都是一種鼓舞，尤其他總是不斷地為他人盡心盡力，並在這份付出中獲得喜悅與力量。這真是大成就者的表徵。

當年貝諾仁波切與幾千人從西藏逃到印度，那時只有極少數的地方可供喇嘛與尼眾們尋找食物和落腳，更遑論繼續禪修了。於是，他決定在印度重建失去的寺院。他必須在叢林中整地，並一點一滴地募款，即便如此，他還是親手建造了寺院。如今，這座寺院依然聳立且日益鼎盛，利益數以千計的人們。貝諾仁波切仍然一本初衷，孜孜不倦地工作，他肩負行政、經濟與教育上的許多責任。

除了持續的努力之外，他還擁有取用不竭的能量，他總是和顏悅色——不論是講笑話或說故事給人聽的時候。在此刻，他可以全心全意地關懷病患或臨終者，而下一刻又為年輕僧侶解決疑難雜症。

他的工作全年無休，卻能日復一日展現出充盈的喜樂，讓周遭的人們內心充滿信心。有一次他告訴我，他不會太憂慮世事：「如果你憂慮的話，人生只會更艱困。最好的方式是

當事情發生才著手去處理。」

　　他真是位任運自如的最佳典範，他顯然並非過著一種沉寂、孤立的生活。他總是忙碌不已且面臨許多困難，但他能以寧靜、喜悅，以及一顆堅強、穩定的心，來面對這些障礙，這便是將禪修應用於生活之中。如此精進不懈，能幫助我們在修行和日常生活中，從懈怠束縛的劣勢中扭轉乾坤，並鍛鍊我們帶著信心與力量生活。

第六章 ■ 忘失法義

第二個障礙是忘失法義。當剛開始禪修時，有人教我們該如何挺直身體，端坐蒲團上，並將專注力放在禪修所緣的對象。我們運用正念和正知，從而辨識與看清念頭，並將注意力拉回到呼吸上，這是基本的教導。只要專注力離開呼吸遊走到別處，我們就會碰到忘失法義的障礙。這種習性經常形成禪修的障礙。

忘失法義，心便陷入散亂

當忘失法義時，心便陷入散亂之中，整個人耽溺在念頭裡，根本不記得自己應該要做的事。與分心的力量相較，專注於當下的教導似乎薄弱許多。

忘失法義可能突然發生，或慢慢地發生，就好像快要抓不住一個很重的物體那般，不論多麼努力嘗試，就是無法專注於呼吸。

那些禪修技巧變得模糊不清，心中沒有半點受到激勵的感覺，只記得一些片斷字句：「坐」、「呼吸」、「念頭」、「心」。

除此之外，什麼也記不得。不只是忘記簡單的法義，我們可能連原先的想望——決定禪修的初衷——都忘記了。

忘失法義，會減弱禪修效果

會忘失法義的理由之一是，我們以天真的態度來接觸禪修，以為它沒有那麼複雜——不過只須記住一或兩個要點，若能遵循法義，單純地去做也無妨。然而，以天真的看法去修行，禪修效果就會變弱。

若只是等著各種念頭冒出來，然後將它射落的話，那便是忘記了自己最初的願景與發心，忘記身在此處是為培養心本具的安穩、清明與力量。

這並非天真單純，而是缺乏遠景，我們徒具禪修技巧，而忘記之所以遵循它的理由，忘記禪修的知見就是要專注一境與開闊。

這是我們開始淨化自身習性與發現真實本質的契機。若我們運用禪修技巧，而不具備知見，那麼突然間，我們將完全不知該如何進行。

由於傲慢與缺少時間的緣故，我們甚至可能會發明一套自己的禪修技巧。

當我們真正審視禪修過程發生什麼事時，就會發現它其實並不簡單。事實上，修行的力量源於各種細節與深度，包括坐姿、呼吸、心的安住、初發心與知見，只要遺漏其中任何一個元素，整個修行的結構就會鬆散，我們也會忘記自己在做什麼。

以憶念對治忘失法義的障礙

　　忘失法義的對治之道即是正念，尤其是憶念，我們必須不斷提醒自己各種細節。若是你忘記自己的心在做什麼，那麼，你也會無可避免地忘記自己的身體在做些什麼。

　　先從憶念自己的姿勢開始吧！你的脊背仍然挺直嗎？整個人是放鬆的，或肩膀與雙臂完全緊繃？目光停留在哪裡？只要先檢查一下自己的坐姿，並重新開始禪修──「現在，我正將注意力放在呼吸上。」當你進行到中途突然忘記時，這是運用憶念最直接的方式。

　　我們每日精進禪修，是因為人往往容易偏離知見，生活中所有的事物都能把我們推往不同的方向。我們可以將忘失法義視為修行的一部分，而以正念來對治它，表示再度學習。我們必須時刻牢記什麼是禪修、為何要禪修，以及該如何禪修，我們需要學習與思惟。

　　如果心中對自己所做的事沒有明確的概念，也沒有經常提醒自己，那麼禪修絕對不會成功。就如重讀一本有意義的書，內心的感受可能與初次閱讀時完全不同，書中的字句顯然並無任何改變，而是我們的理解更加深刻了。

　　不論禪修聽起來多麼容易，一旦嘗試之後，便會發現它其實極具挑戰性。每次禪坐時，都需要加入勇氣這個元素，使我們放下懈怠，並運用正念進行禪修。這表示我們願意拋棄舊有的習性，進入嶄新的領域，即使心中仍會響起抗拒的聲

音：「算了吧！去做點其他的事情。」但我們依然堅持下去，因為我們明白這是與心結盟的唯一方式。

　　當禪修到某個程度後，我們已能完全知道自己在做什麼。我們的心經歷過各種幻想、念頭和故事情節，如今已不再相信它們，而了悟到所有會讓心沉睡昏昧的方法，都是行不通的。我們的智慧更深刻了，於是能喜悅地禪修，因為已看清在這世間，沒有任何比禪修更好的方式，能化解人類的困惑與痛苦。

第七章 ■ 不太緊，也不太鬆

　　我的高爾夫球教練諾利說過，大部分的人都是「外向追求者」，他們總是憑藉外在環境的條件來獲得成功，而非透過創造適當的內在條件。他認為高爾夫球運動是一種包含「因」和「果」的遊戲，在這遊戲中，我們既是「因」，也是「果」。當我們氣極敗壞時，不論多麼想歸咎於人，終歸會認清自己才是該受責備的人。

當下覺知能明白當下內心的狀態

　　這番話的重點是，如果我們想揮桿擊出漂亮的一球，那麼在揮桿之前，必須全然專注，認清自己的感覺並得到內在的平衡。否則，只能任由反覆無常的心思與球場風向的擺布。如果整個人過於緊繃或者放鬆，揮桿的能力就會大受影響。假如先穩定自己，自然而然地就能揮出最佳成績。為了達到這個目標，我們需要當下覺知——明白當下自己內心狀態的能力。不論是在禪修或打高爾夫球時，當下覺知都很重要。

　　因此，當下覺知與禪修的關鍵，就在於明白內心的狀態。我們必須醒覺，否則便陷入與睡著僅一步之隔的昏沉之中，若是缺乏當下覺知，禪修便將無所進展。在寧靜安住的第一個階段中，當下覺知充當監督者的角色，在一旁看著我們禪修，一旦分心時，它會督促專注於一將我們帶回呼吸上。有

時，當下覺知可能令人感到礙手礙腳又多管閒事，然而身為初學者的我們，正需要受到持續的監督。

不過，當下覺知會隨著我們修行而不斷地增長。心因此變得更加平穩，且知道內心狀態變化的能力，也會愈來愈增強。於是，當下覺知成為守護心的警長，能覺察我們是否將要分心，並加以補救。警長不會到處亂跑，我們知道他就在這裡。由於我們擁有更強的信心，所以正知也不再令人感到礙手礙腳。

當下覺知是掉舉與昏沉的解藥

專注於一與當下覺知也扮演解藥的角色。例如，碰到忘失法義這類的障礙時，對治之道就是運用專注於一的「憶念」特質。同樣地，當遭遇掉舉和昏沉這些障礙時，我們便請出正知來對治它們。

隨著更加深入修行，我們會看到各種不同層次的散亂，包括隱藏於幻想、情緒、念頭之中的散亂，以及隱藏在散亂之中的散亂。相反地，當下覺知生起以及觀察禪修的方式，也變得很細微。剛開始時，我們極難看清那種細微的程度如何增長，但隨著時間推移，專注於一變得較不費力，我們便讓當下覺知在修行中肩負更大的監督責任。

碰到障礙是某種分心狀態出現的信號，一旦在修行中達到某種穩定，便會生起掉舉或昏沉。它們是屬於中等階段的障礙，在初期階段中，也可能體驗到它們的滋味，但由於必須

在全然專注時才能充分體驗，所以這些障礙可以說是進步的徵兆。

這些障礙正顯示我們的專注於一很堅定，心也很平穩。以往馬兒（編按：指我們的心）總是到處亂跑，如今我們得學習調整牠的步伐。有時牠會為了覓食跑到別處，有時又會變得昏鈍而不辨方向。但因為牠不再是用後腳蹬立或試著逃跑，所以我們幾乎未注意到牠的這些行為。不過，對治的功夫卻非常重要，因為這是我們找到平衡之心的開端，那就是——不太緊，也不太鬆。

掉舉是心太緊，昏沉是心太鬆

在掉舉與昏沉中，我們體驗到心的活動狀態，而無法充分存在於當下。在掉舉中，我們將心綁得太緊，使它開始驚慌起來，如同我們用韁繩把馬勒得過緊產生的反應一樣。但昏沉時，心又太鬆散，以致它到處亂跑。

■ 掉舉會受微細的愉悅欲望引誘

在掉舉中，我們過於專注在呼吸上。於是在毫無預警的情況下，心藉由突然逃開去追求某些小小歡愉來表達抗議，例如：想到冰淇淋、披薩、一杯咖啡的美妙滋味，去追憶某件愉快、浪漫的往事，或美麗的夕陽等，它可能是任何東西。突然間，我們不再是主控局面的人，這匹馬兒已經逃出柵欄外了。

為什麼追求的是歡愉？當我們建立某種程度的穩定性後，禪修就較容易受到欲望的情緒干擾，而非抗拒。不論我們身處修行的哪個階段，渴求東西的念頭總是會比憤怒、嫉妒或驕慢的情緒，感覺來得好些。最後，我們的內心就不太會生起憤怒、嫉妒或驕慢的情緒，但令人愉悅的微細欲望仍能引誘我們，直到心散逸了，這才會發現又上當了。

▌昏沉使心失去活力

昏沉是掉舉的對立狀態，藏文以chingwa來形容昏沉，這是形容人溺水時的用字，意思是「沉沒」，整個心沉沒到它自身之內。而我們與呼吸之間的關係，則是鬆散、模糊又遙遠，整個人缺乏振作和澄明之感，內心一片空白，喪失了馴服的力量。

「太過鬆散」或許令人感覺彷彿並未在亂動念頭，但實際情況是，我們已讓心失去了活力。壓抑了心的活動，因為動念本身是如此具有強迫性和掠奪性，既冗長乏味又令人厭惡，於是我們決定加以杯葛。昏沉的感覺正是如此，我們儘可能不動念、不思考，什麼都不做──雖然這不可能發生，因為心永遠都在「製造念頭，然後反應」的狀態下。

當心使自己都失去效用時，那是什麼狀態？有種情況是，念頭與情緒互相抵消；另一種則是我們盡全力保持專注於一，但心卻不斷陷落。我們一坐上蒲團便昏昏欲睡，這情形與厭煩有關，因為我們習慣不斷地有聲色刺激，如今這個心卻連一點有趣的念頭都不能生起，這使我們覺得非常沮喪。

心感到厭煩——表面上是對禪修厭煩，其實是針對心的本身。

■ 專注於吐氣與吸氣，分別對治掉舉與昏沉

掉舉與昏沉的對治之道是正知。我們必須審視心的活動狀態，一旦當下覺知說心過於鬆散或緊繃，我們就必須學習調適。如果現在的障礙是掉舉，就試著放鬆，給它更多的空間。我們可將注意力多放一些在吐氣上面，心便能擁有更多自由。或者，暫時放鬆觀照呼吸的方法。如此一來，煩亂的情緒便可在空間裡獲得沈澱，我們於是能以堅定且清明的方式繼續禪修。

如果碰到的障礙是昏沉，那就需要加緊修行，可藉由許多方法來提振精神，例如更專注於整體的呼吸，或將注意力放在吸氣上，或更穩定坐姿，不然也可脫去外衣、打開窗戶、提高視線等。

另一種障礙是，當心極度穩定，而未有採用對治的方法時。例如，在禪修時，我們可能會感到放鬆、平靜與滿足，卻未覺察自己正陷入昏沉之中，而覺得一切都好棒，心情也非常好，便以為精神已達到圓滿狀態。正因為我們並不知道這其實是碰到某種障礙的前兆，也就很難使用對治的方法。這時，應付這類情況的正確之道，便是運用對治之道。

對治方法過猛，也是不易覺察的障礙。有一次，我到一處風景優美的山中牧場露營，隔壁的人卻打開收音機。試想，置身在如此寧靜安詳的地方，有人卻認為放點音樂來聽更能

助興，這種行為便是過分對治。有時讓修行順其自然反而是最好的，要是過分干預，只會攪亂原本平靜的心湖而已。對治用藥過猛的方法是安住在平等無分別中。遇到這種情況，最好能安住於當下。

如調弦般調整心的鬆緊

幾千年來，老師們已提供了許多禪修法門，只看如何善加利用，我們必須累積經驗與純熟度，才能清晰掌握心的複雜性。我們必須能完全看清內心發生的狀態：「噢！我不只是分心，還陷入掉舉之中。」然後，我們才能運用實際有效的方法。

對治修道上生起的障礙，其實是一種嘗試錯誤、反覆摸索的過程，即使我們的修行已十分精微，仍要找出各種收攝自己、專注於呼吸的方法。

事實上，當我們修止時，大部分時間是在學習如何分辨昏沉和掉舉，然後採用適合的方法來對治。

有個音樂家問佛陀應當如何禪修，佛陀反問他：「你如何調弦呢？」音樂家回答：「不能太緊，也不能太鬆，這樣聲音才能適中。」佛陀說：「同樣地，在禪修時，你應當如此收攝自己的心。」

正如彈奏樂器時那樣，我們應讓心在不太緊也不太鬆的狀態下修行。

正知能帶領人邁向覺悟

當正知非常敏銳時，便能做到一面收攝自己，一面對治各種生起的障礙。只要一發現障礙，就先放鬆禪修技巧所緣取的對象。雖然仍在運用禪修技巧，但已不如先前那麼明確、俐落或嚴謹，同時也能處理其他生起的問題，就如邊做飯、邊接電話一樣。

如此一來，禪修繼續進行並未中斷，並非我們不用先暫停禪修，而是等對治障礙之後，再接續下去，這是因為正知可以讓專注於一充分發揮作用。專注於一與當下覺知猶如手裡捧著一杯滿滿的水，小心翼翼地穿過房間那樣，專注於一維持手握著水杯的適當角度和壓力，當下覺知則確保水不會溢出來。

專注於一是種有用的工具，在我們忙亂的日常生活中，必須對許多事情保持專注於一。然而，在日常生活和修行之間，扮演著橋梁角色的則是當下覺知。是誰在這一整天當中，注意到我們如何運用身、語、意？答案是「當下覺知」。

運用當下覺知，便能在任何情況中了解自己的作為，我們才能覺察到自己的粗魯無禮，必須更加和善待人。透過當下覺知，我們明白自己是害怕、恐懼或無所畏懼。當下覺知所具備的這種了知的特質，終究會帶領我們一步步邁向覺悟。

第八章 ▌ 調心的九個階段

　　當每個傳承的禪修者坐在蒲團上調伏自己的心時，他們會發現相同的歷程：有九個能讓心真實呈現本具的穩定、清明與力量的方法。他們對於調心的過程提出九個階段，為我們留下修行歷程的指引。這些指引極有助益，因為心是如此廣闊，如果我們獨自摸索，結果往往會迷失在念頭中。

　　這九個階段就是我們的禪修地圖。前四個階段——內住、續住、重覆安住與近住，都與增長穩定性有關。第五個和第六個階段——調伏與寂靜，則與增長清明有關。最後的三個階段——完全寂靜、專注一境與平等住，則與增長力量有關。

第一階段：內住
收攝向外流散的心

　　讓心專注於呼吸上，是禪修時所做的第一件事。在專注的剎那，就是騎上馬背的那一刻——我們把腳伸進馬鐙，然後坐在馬鞍上。這是讓自己安穩地坐好位置。

　　當我們將心從它原本注意的事件、念頭和情緒中抽離時，便是內住的開始。我們將那個狂野又忙亂的心收攝起來，安住於呼吸上。雖然安住的是無形的意識，但感覺起來非常具體，就如將石頭置放於葉上那樣明顯。

為了成功達到內住的目標，我們必須明白承認自己正在放下概念、念頭和情緒：「現在我置心在呼吸上。」在那個剎那會發生什麼？我們的執著會根除。當我們願意嘗試這麼做時，散亂會大幅減少。同時，透過置心於呼吸，我們可以將向外流散的心收攝回來。

對初學者而言，內住是學習如何將注意力，平衡地放在呼吸、辨識念頭與穩固坐姿的階段。這是個緩衝期，好讓我們能長養良好的禪修習慣，隨著持續地修行，內住永遠都是禪修的第一步。

在每個階段剛開始的那一剎那，正是認清、辨識和確認自己開始禪修的時刻，因為這為往後的修行建立正確的態度，所以是個最重要的階段。

內住的剎那給禪修一個乾淨俐落的開頭，若我們以含糊或曖昧的方式開始，那麼禪修只會繼續含糊和曖昧下去。就如放置一塊骨牌，在初階段時，置心於所緣對象的專注程度，將會直接影響接下來禪修的發展。

在這第一個剎那之後，每當你選擇辨識或承認某個念頭的存在，並把意識回轉到呼吸上時，便是在學習內住。這是個極微小，又看似無足輕重的舉動，卻也是你所能做最勇敢的事情之一。

當你辨識且放下那個念頭後，就能以自己為榮，因為你已克服懈怠、記住法義了，當你將注意力再放回呼吸上，會感到喜悅。別擔心還得再做一次——因為你還要再做千萬次。所以，這才稱為「修行」。

每當你想起將心專注於呼吸上，便是往前又邁進了一步。僅僅放下一個念頭，就是讓自己從概念、負面情緒和迷惑中抽離，不再需要被無止盡地款待與消耗。你必須一次又一次地放下念頭，變化就在每次一個呼吸、一個念頭中發生。每次心回到呼吸上，便更遠離對散亂與恐懼的執著，更接近證悟之道，也是開始為自己長養慈悲心。

我熱愛高爾夫球運動，只要有機會便打球。不論我玩的是哪種運動，一次都只能打一個球，每個球都是唯一的，我的心都得永保常新。如果心中掛念著之前打過的球，或是未來要揮桿擊打的球，那就不是真正地擊打這個球，只是讓習氣愈加根深柢固罷了！

內住的情況也是如此，如果你在辨識與放下念頭時無法明快俐落，就不是真正在禪修，而是在強化懶散的習性。那些念頭將占上風，最後你根本無法禪修，只是腦袋不停在打轉而已。

辨識、確認和放下念頭的過程，猶如登山時的攻頂三部曲，它的確值得勇士們登頂時的呼嘯——「Ki ki so so!」我們慶祝的是，自己已能將那些自我放縱的幻想拋開，除非我們能適當地對治，否則它們只會掠奪我們的生活。凡是願欲、知見、精進、信心、正念以及正知，都是支持我們對治幻想的力量。

我們愈能收攝自己的注意力和焦點，心的力量就愈強大，經驗與結果也會愈強烈。當我們明白，自己能大約連續專注呼吸二十一次的循環，而不讓心受到很大的干擾時，就是已

能正確地使心安住了。

第二階段：續住
心持續專注於呼吸

如今將心專注於呼吸上已經相當容易。我們學會了如何踩馬鐙，現在則舒適地坐在馬鞍上。這時馬兒走在小徑，我們正在體驗專注於呼吸，以及繼續停留在內住的滋味。當散亂與分心令人偏離原先的軌道時，我們大致已能運用內住將專注力拉回來。接下來，要長養的是正念與正知、不懈怠與牢記法義。

能成功地專注在呼吸上的另一個原因是，我們對於自己禪修的目標有信心。我們帶著強烈的心願來禪修，因為明白禪修能使心安住於寧靜。我們看清外在的思慮、幻想、念頭和情緒紛擾等，都是無益的，所以願意暫時捨棄這一切，專心致力於禪修，因為我們明白如此做的利益。內住已成為一件合理且值得做的事。

能將心專注呼吸，且念頭非常輕安自在，當這些都已成為模式時，這階段的修行便已告一個段落。判定的基點在於，我們能否做到連續一百零八次呼吸的循環，而完全不分心的程度。在整個吸氣與吐氣的過程中，都一直保持專注於一。雖然這期間仍不時會生起某些散亂的念頭，但並不會困擾我們，或大到讓人失去專注於一，乃至忘記呼吸的地步。

在這個階段，我們的專注於一和穩定性只能維持這麼久，

然後，心又會跑開。但當我們修行的支點，是在能否於一百零八次的呼吸保持專注於一的話，那麼我們在其中就有一些迴旋的餘地，既非完全靜止，也非全然分心。這時我們便已完成第二階段的修行，而準備邁入第三階段——重覆安住。

第三階段：重覆安住

心全然專注而穩定

我們或許會覺得自己從開始就在練習「重覆安住」，但禪修的範圍極廣，且每階段愈來愈微細，因為它們描述我們愈來愈微細的禪修體驗。用來形容這階段的藏文是len，意思是「恢復」、「聚合」、「取回」。我們已學會如何讓心專注，以及繼續專注，但偶爾仍然會有念頭像野馬橫越平原般地冒出來。在起初的兩個階段，這現象不停地出現，到了第三階段，它只是偶爾才出現。

在第二階段時，我們學會享受馳騁之樂，欣喜於能安穩地坐在馬鞍上欣賞美景。到第三階段時，我們變得更有自信，但馬兒偶爾仍有狂野不馴的時刻，牠不時豎立後腿、蹬腳或偏離小徑，我們必須把牠帶回來。在整個第三階段，我們不時要把散逸的心拉回來。到後來，頻率就愈來愈低了，因為正念已逐漸成熟地進入穩定的層次。

現在我們能專注在呼吸和當下了。當心到處遊走時，通常是在追逐、幻想著小小的歡愉，從吃的東西，到希望天氣好一點，或浪漫的冒險等，這是掉舉——因為我們將心繃得太

緊，過分專注於呼吸，所以心就突然間抽離。

隨著此一階段的進展，心恢復的速度與效率增加了。相較之下，我們在先前從各種念頭中抽離的方式，則顯得拖泥帶水。它有時就像流沙，我們愈是急著脫身，往往就會愈陷愈深。而今，由於正念力量非常強大，我們得以全身而退。

到這個階段結束時，我們已達成修止的重要目標之一——穩定。專注於一穩定的力量如此強大，讓人能一直專注在呼吸上，絕不致發生完全分心的情況，且當下覺知也變得愈加靈敏，逐漸能在念頭生起之前就掌握它們。

我們的禪修並非如禪修所能表現的那麼清明和充滿生氣，但由於心已穩定下來，所以令人感到愉快和寧靜。在某個階段的課程中，我們的心總是停留在禪修狀態中，這是令人羨慕的成就。

在西藏，這情況被喻為如禿鷹在動物的屍體上空盤旋，雙眼總是緊盯著食物。禿鷹在空中飛翔時，身體或許可能稍微偏左或偏右，但視線絕對牢牢地盯住食物。同樣地，我們的心也可能東遊西盪，但從不會忘記注意呼吸。

第三階段結束前，我們有時會覺察到自己的修行，有時則不會，如今我們全然專注其中，這就是穩定。

我們之所以能產生穩定，不是由於某種頓悟式的或過分簡化的禪修技巧，而是透過不斷地重複、堅持、知見、態度、意圖、正確的姿勢，以及良好的環境等因素配合，以漸進的方式逐步達成。

第四階段：近住
以當下覺知保持心的清明

我們進入稱為「近住」的第四個階段，它的門檻是專注。我們一直緊緊注意著呼吸，這時我們明白自己已跨過門檻，這就是穩定。我們了解馬兒雖然會閒盪，但不會偏離小徑。

如今我們的禪修進入另一個轉捩點。先前，我們關切的重點是專注於呼吸，擔心自己的心會被捲進日常生活各種問題的漩渦中，且總懷疑自己是否有足夠的定力再將注意力拉回呼吸上。

現在，變得較為放鬆，不再擔心能否專注於呼吸，因為知道自己辦得到。我們不再掛慮外界的影響力會使自己遠離禪修，因為心裡知道外界的影響力沒那個能耐。

信心逐漸增強後，現在我們所關心的是禪修的品質──有關結構和經驗的問題。先前我們擔心喝不到咖啡，如今想喝一杯摩卡的卡布奇諾。我們如何能讓自己的心更強壯、更充滿生氣？這才是當務之急。

大致上，我們已克服懈怠和忘失法義的障礙，這些是障礙禪修的惡習。到第三階段結束，並進入第四階段時，面對的障礙是掉舉和昏沉。這兩個問題都會導致分心，然而，到目前為止，我們仍然在修習當中，因此這些都被視為好問題。

在西藏，有人提醒我們，禪修到第四階段時，由於內心的掙扎已大為減低，會感覺快樂與喜悅，但如果此時就以為自己已證悟，或得到最高的了悟，那真是愚不可及。

因為若過於耽溺於心的穩定，就會變得太過安逸，而無法進入其他階段。這就是懈怠的障礙。我們的心雖穩定但並不清明。

那隻兀鷹無法停在那塊肉上，牠只能在四周盤旋。這時，需要正知的力量來幫助我們對焦，加強感知能力，恢復心的敏銳性。

第五階段：調伏
心寧靜且柔和調順

雖然在第三和第四階段的成就非凡，但還有更進一步的階段需要繼續努力。在第五個階段中，我們透過更清晰的體認，而能更加精進地禪修。這階段稱為「調伏」，因為我們開始體驗調伏的心的真正果實，這是從初階段早就開始致力培養的東西。

「調伏」在此所指的是藏文 lesu rungwa 的經驗，意思是「讓心運作」。在第四階段，我們對於已然馴服這匹馬兒或許仍充滿敬畏，但如今一種強烈、穩定而又清明的感覺卻如此自然。

我們的心並非完全寧靜，不時仍會有散亂的念頭，但我們卻覺得與這匹馬兒合作無間，感覺非常和諧，內心不再有衝突掙扎。

和諧加上共同作用，便創造出喜悅。我們在此階段所體驗的東西，傳統上的隱喻是「蜜蜂在採花蜜時的歡悅」。禪修

的滋味如此美好，令人感到愉悅。

如果身處艱難時期，突然間壓力解除了，頓時感到無事一身輕。如果你曾體驗過那樣的感受，或許就能領會禪修的這種喜樂與解脫的滋味。

第六階段：寂靜

與心結盟，體驗心本具的力量

第六個階段稱為「寂靜」。經過一番爭戰之後，勝利的一方產生了。我們騎在馬背上穿過原野，知道自己贏了，就如那暴風雨過後青翠如洗的山巒般，感覺充滿了寧靜與活力。萬物都已煥然一新，朝氣蓬勃，無比澄澈。

我們仍然在對治那個時而緊繃、時而鬆弛的心，在修行過程裡，仍要做許多細微的調整。但是在做這些調整時，我們內心不再狂亂不安，不再如最初幾個階段所經歷的那樣。

剛開始時，我們還質疑是否可能與自己的心結盟，如今內心所感受的寧靜告訴自己，我們辦到了。我們的禪修是喜悅而清明的，所體驗到的不僅是心的自然和諧，更是它原本具足的力量。

在這階段中，我們也感到興奮，開始看清調伏的心能成就各種可能性。這份關係在之前是種負擔，如今卻充滿各種可能性。這匹野馬已被馴服。

第七階段：完全寂靜

以禪修之力，消融微細的念頭

這場戰役或許已經結束，但仍有少數敵寇到處流竄，以微細的念頭的形式呈現，而這些念頭大部分與歡愉有關。我們對禪修的美妙滋味或許有點上癮，這時仍有些喧囂的噪音出現。雖然明白這些並不至於使我們中斷禪修，但卻不能坐視不管。

在「完全寂靜」的階段中，我們不像在第四階段時那樣驅走念頭，而是如雪融於火般，將它們引誘出來。這時，禪修的力量變得極為強大，那些念頭和情緒一遇上這股熱力時，自然消融於無形。

還記得剛開始靜坐想要調伏自己的心時，念頭卻紛至沓來、猶如瀑流的景況嗎？而今心已成為微泛漣漪的湖泊了。

第八階段：專注一境

心完全醒覺，不再散亂

第八個階段稱為「專注一境」，殘留的散亂都消失了。此刻，心以完全醒覺、清楚且知曉的狀態靜坐著，不再分心，所以能達到此一境界。

我們的禪修已長養出圓滿的所有特質，這也是在第九階段將會達到的目標。唯一的差別在於，剛開始禪修時，仍須稍加努力，將心導往專注於呼吸的方向。

第九階段：平等住

心與當下合而為一

我們的禪修已達圓滿境地。靜坐時，整個人以完全流暢、自發的方式，專注於呼吸。心感覺強壯、穩定、清明而喜悅，內心有股完全的勝利感，可以永遠禪修下去，心裡沒有任何念頭。我們與當下合而為一，心如一座山，既寧靜又充滿力量，有一種平等的感覺。

這就是完美的禪修。我們的心猶如訓練有素的賽馬，雖然如如不動卻充滿活力與能量，它確實增長了──包括力量和心量。我們感到自己心量的寬廣和延展，這是寧靜安住的成果。如今我們的心不論朝向任何目標或做任何事，都能專注。我們感到人生方向極為明確，又充滿信心。

第三部 ｜ 與自己的心結盟

第一章 ■ 轉化你的心

　　寧靜安住的力量在於，一旦看清心的運作方式，同時也就看清生命如何運作，這一點改變了我們。在剛開始禪修時，或許會覺得念頭和情緒是堅固的，我們的心則較為脆弱。原本念頭與情緒的力量看似難以阻擋，如今我們明白兩者皆如水上的霧氣。

　　我們因為相信念頭，便認定它們力量強大，甚至當成整個生命的基礎。我們該如何穿衣吃飯、該居住何處，以及生命中所有其他的事，都是思惟的產物。當我們買這件東西時，心中在想什麼？在做那件事時，心裡又想些什麼？

誠實地看待自己

　　我們漸漸了解，由於相信念頭的堅實性，因此產生「我」的概念。我們看清在自己生命的最底層，存在著某種比幻想、情緒和散亂，更深刻、更開放的東西。

　　如今，念頭對我們再也沒有先前那種宰制的力量。我們不再分心，且專注於一與當下覺知極為敏銳。透過持續地修行，我們愈來愈熟悉心專注的感覺，並長養維持下去的力量。這種澄澈的境界，讓我們與實相連結。

　　不論是埋首於碩士論文或正在煮飯，我們對於「自己是誰」或「正在做什麼」都很清楚。了解到我們的本初善，心是我

們的盟友，且感到是美善而完整的。就如我們吃得飽，睡得好，且正置身於美好的環境中。我們具備健全的自我感。

帶著這份健康的自我感，我們覺得身心自在，所需要的東西都已具足眼前，而置身於滿足之中。我們不會對自己太過嚴苛，同時又能對心所耍弄的各種小把戲明察秋毫，清楚自己如何變得狡詐，何時又會企圖逃脫。

能誠實地看待自己，讓人感到舒適自在，我們的心開放又柔軟，同時也變得愈來愈好奇，因為先前完全未曾注意的整體實相，如今逐漸清晰起來。我們就帶著這種開放性、柔軟性和好奇心，逐漸看清事物的本然面貌。

以「觀」思惟人生的實相

佛陀教導世人，若是想要從迷惑與痛苦的夢境中醒轉，首先必須靜坐著並深呼吸。寧靜安住就是那個深呼吸，那是除去令人迷惑的混亂，並找到某些基本清醒的方式。但寧靜安住只是修道之旅的開端，若讓自己僅僅沉醉在心的穩定之中，可能是將禪修變質為另一種追求歡愉的方式。我們反而應該運用這種健康的自我感，深入透視自己生命的意義。

我們可藉由運用比禪定更進一步的「觀」(vipashyana)①，來仔細地反思自己的經驗和存在的本質，為心指引新的方向——遠離幻相而接近實相。我們可以透過思惟的修習來達到這個目標。

概括而言，我們所經歷的情緒全都源自渴愛（貪）、敵對

（瞋）與迷惑（癡）。運用寧靜安住的力量，讓我們看清情緒的各個面向：渴愛——奪取自己想要的；敵對——拋掉不想要的，這如同要將遍地藤蔓和荊棘的田野清理乾淨一樣。

如今我們擁有穩定的心，能看清這兩股使人分心的強大力量，且不受影響。我們揚棄的是無明的力量，而它正是痛苦的根源。無明猶如根深柢固的雜草，且還衍生一堆旁枝蔓節，若我們未覺察迷妄的陷阱，又如何能加以對治？我們能藉由思惟人生的實相，以及心中潛藏的覺醒力量，來粉碎自己的幻相。這就是我們在觀禪中所做的。

思惟能將心的能量導向覺悟

我曾說迷惑的心猶如野馬，其實我對馬兒有著極高的評價。高中時期，我曾在德州西部的牧場打工，看著站在遠方高原上的種馬，那是種極壯觀的景象。馴服這類龐然大物不是藉由力量壓制牠，而是引導那股野性，使之得以轉化。我們想要將馬兒帶向何處？我們要往哪兒馳騁？我們想要來一趟真實的旅程，希望能馳騁於慈悲的大草原，漫步在覺醒的心靈花園和智慧的田野中。這是練習思惟的本質——學習將心的能量導向覺悟。

當我們修止時，必須向內收攝來聚合心的能量，透過辨識與放下念頭及情緒來克服迷惑。起初，念頭的生起是個問題，因為它們常令人分心；當念頭交織成強烈情緒時，更形成一個問題，因為它們干擾了心的穩定。在觀禪中，我們運

用念頭，這時禪修所緣的對象不再是呼吸，而是心中所想的某個念頭或句子，然後讓心停駐在那裡，並運用「觀」的力量來了解它的意義。這樣能使概念與實相，更加和諧一致。

佛陀曾被視為叛逆者，因為他要求人們以此方式，審視事物的真實面貌。他留給我們各種線索，諸如談論實相的本質，以及如何激勵覺悟的心──「珍貴人身」、「無常」、「死亡」、「業力」、「輪迴」與「覺醒的心」。這些字眼真正的意義是什麼？如何讓它們滲透到生命中，使我們得以轉化？思惟某個特別念頭的意義，能讓我們脫離觀念的束縛，朝著直接體驗實相──智慧──的方向邁進。

以思惟消弭主、客體間的隔閡

我們說「藍色」，但在親眼看到藍色之前，都不能算真正明白它的意義。我們說某個東西是「熱」的，但除非真正觸碰到，否則無法知道「熱」的真義。在談到應該生起慈悲心時，我們說：「願眾生皆能由痛苦與痛苦的根源中解脫。」但除非我們對他人的痛苦感同身受，否則「痛苦」只是一個字眼而已。我們必須搗碎概念虛矯的硬殼，讓這些字的意義能滲入生命之中。

在觀禪中，我們逐漸了解實相的內在本質。到某種程度後，那些字句自會層層剝落，最後只留下意義。我們不再凡事先從基礎的概念入手，主體和客體之間的隔閡消失了。出生、死亡、無常，以及自由和珍貴人身等實相，已滲入我們

的生命之中。猶如當初離開宮殿,去追尋生命實相的佛陀,我們也已融入在實相中。我們已從樹上摘取真理的果實,現在終於可汲飲甘甜的果汁,這就是思惟的重點——聽聞、諦聽、理解,它使我們與事物的本質和諧一致。

看清無明並了悟人生意義是非常精細的工作,是讓心穩定、清明與強壯的工作。這樣的修行需要耐心,正如我父親以前常說的,這過程就如一次又一次地梳理頭髮。我們逐漸熟悉那些能轉化存在之流和生命方向的念頭——如果願意讓它們的意義滲入生命之中。在逐漸認識何謂「愛與慈悲」、「業力與輪迴」、「人身之珍貴」,以及「死亡之必然」的過程中,我們訓練自己完全融入那真理的大海中,並喚醒潛藏的智慧。

有穩定的心才能進行思惟

穩定的心是進行思惟的根基,所以我們先從幾分鐘的修止開始,然後再將注意力從呼吸轉移到某個念頭、靈感或目的上。例如,你可以對自己說:「現在我將專注於人身之珍貴上」,或「現在我將專注於世事無常的實相上」。然後,就專注於這些字句上。

思惟是寧靜安住於不同的對象,所以,舉凡你所學有關修止的法門,均可運用在這種修行中。當發現自己的心想著禪修對象以外的事物時,那就承認自己已分心了,然後再回到思惟的念頭上。

在這個修行中，字句是通往意義的門徑。當你持續專注在這些字句上，它們本身終究會剝落，而其代表的意義或經驗則會生起。例如，當你祝福姊姊或最好的朋友幸福時，或許也同時感受到自己的心門打開了。在思惟無常或死亡時，心中可能產生一股飄泊無依之感。將心安住在那個意義或感覺上，便是慢慢在熟悉實相的某一個特別的面向。

以思惟搗碎概念虛矯的硬殼

有時你可能發現心專注於那些字句，卻毫無感覺，這時只管繼續專注其上。當你與那些字句的關係日益深化，便終究能體驗它們本身的意義了。所以，我們有時的確需要仔細思惟自己在做些什麼，讓注意力回到禪修所緣對象的這些字句上，同時再加上思惟、意象和憶念，以豐富你的思惟。

例如，有時我會想起在印度見到的乞丐，以激發慈悲心。如果你在修習如何增強愛心，那就想像自己所認識的人非常快樂的情形。運用這種專注且經過控制的思惟，便能搗碎字句本身的堅硬外殼，讓意義自然流露。

在禪修結束後，讓你所獲得的「意義」成為自己的見解。例如，人身的珍貴是你一直在思惟的主題，那麼可以一整天都讓心安住在對生命的珍惜感中。你能完全沉浸在思惟所獲得的訊息中。

以下各章所談論的主題，在你修行過程的某些階段，都將有助於你進行思惟。這些主題會幫助你在人生實相中站穩腳

跟，珍惜自己擁有的一切，並善用洞察力，不斷超越「我」的藩籬。要是你覺得缺乏勇氣或感到沮喪，也可以運用這些思惟來對治，它們會給你激勵。

例如，當你覺得事物快要瓦解時，就可以專注思惟人身的珍貴，以提醒自己目前所擁有的。當你發現有些情緒和念頭逐漸成形，便可思惟人生的無常，提醒自己萬事萬物皆變動不居。當你陷於某種壓力的痛苦中，那麼可以思惟輪迴的本質，而無須一味地責怪自己。當你受控於憤怒或欲望，那麼依據本部第六章中所給的法義，應有助於思惟和化解情緒。

你可以隨時思惟這些主題。先稍微靜坐，然後把心放在所選擇的思惟對象上大約十分鐘。思惟結束後，再多坐幾分鐘。這過程端視你自己的時間和修習的感受而定，可以每天、每個星期或每個月選擇一個主題。在一整天的練習期間，也可以早上選擇一個主題，下午再做另一個主題。

有關觀禪的法義摘要，請參見【附錄三】。

譯註

① 「觀」（vipashyana）：音譯為「毘婆奢那」，意思是「從各種不同的方面照見」。「觀」是直接照見一切現象都是無常、苦、無我的，從而獲得覺悟。

第二章 ■ 獲得人身的喜悅

在與心結盟的過程中，我們積極增長鼓舞的美德，藏文稱之為gewa。我們可將這份良善視為覺悟者具備的特質，是我們覺悟與生俱來的特質。如同勇士般勇敢地，我們增強自身這些積極的面向，包括穩定的心、奠基於本初善中的健全自我感、對人生事實的清晰見解、無條件的愛心，以及隨時做正確的事情的智慧。

覺悟須等待時機與條件成熟

覺悟的心能看清事物的本然面目，覺悟者所見的是一種單純的真理，它是萬物的本質──空的、喜悅的，且充滿光明的。佛陀在求道之旅中發現的是，每個人終究都能看清這真理，並有意識地讓生命在真理中實踐，我們有能力讓自己完全地快樂。

或許我們將覺悟想像成某種立即的轉化。前一刻，悉達多太子還是個來自印度的凡夫，坐在菩提樹下；下一刻，他就成為覺醒的釋迦牟尼佛───一位完全的覺者。然而，真實的情況並非如此，覺悟是要經歷一個長期過程才能得到的結果。佛陀以鍛鍊與長養自己的心為樂，必須以努力、耐心與戒律，才能轉化他自己。

覺悟的心所具備的特質，猶如埋藏於冰封地表下的春天的

球莖，等到時機與條件都成熟後，便會自然成長。雖然在「觀」的剎那所獲得的驚喜與啟發，可使我們的理解更加深刻，但覺悟的心並非立刻開放。

這些「觀」的剎那，猶如冬日將盡時，白天變得愈來愈溫暖，日落時間也愈來愈晚。單憑某個溫暖的晴日，不可能讓花朵盛開，但隨著暖意漸增，我們會不斷見到莖幹和葉片悄然成長，終至含苞處處。

同樣地，隨著「觀」的剎那不斷增加，它們開始影響我們的活動，並讓人打開心門。我們開始運用思惟所獲得的理解，來激勵自己在這個世界的作為。這種即將擁有的觀力，以及了解意義的能力，完全取決於我們已然確立的心的力量而定。

暇滿的人身實爲難得

大多數人只會思惟生命中失去什麼，而不是擁有了什麼。思惟自己已擁有的，能擴大我們的心量而不偏狹。在深思生而為人身的喜悅時，我們專注於如下的話語：「因有暇與圓滿①的人身實為難得，而感到喜悅。」

■ 生在此世間是多麼奇妙！

我年輕時，總喜歡在睡前以這種方式自娛。我在「心靈之眼」中，看見自己躺在床上，然後就如照相機的長鏡頭般，景深中加入住家附近博得市的鄰近區域，接著再加入科羅拉多州、美國、北美洲。然後，我注視著球狀般的地球，包括

我的出生地——印度，以及我父母的出生地——西藏，還有我學會說英語的地方——蘇格蘭。然後，我想像地球是飄浮在一片漆黑之中的一個美麗的藍色星球。我逐漸讓畫面變大，包含太陽系中其他星球，太陽居於正中央。

最令人驚異的，莫過於看著地球像一粒微塵般消失於黑暗中。然後，我會想像太陽系以外的星球，當我想像著那無止盡的銀河系中所有的星星時，太陽也跟著消失了。我將我們的銀河系化為一顆星，一束光，它的亮光非常微小，在黑暗中被其他光線所包圍，發光的不是星子，而是銀河。然後，我會想到自己是多麼渺小，而能來到這世間，又是多麼奇特而美妙的事。

我們所認識的每個人都是被生下來的，所見到的每個人都曾是個嬰兒。起初，他們並不在這裡，然後他們出現了。我們並不常深思「出生」這件事，因為我們忙著憂慮金錢、食物、自己與他人的外表，以及別人如何看待我們。但「出生」是個極為重要的過程，看著一隻小雞奮力破殼而出，令人感動又覺得震撼。雖然在出生的過程中會感受到痛苦，但出生也能在如此的愛與開放中進行。一如死亡，出生也讓我們看見了生命的脆弱。

在我們這銀河系的億萬個星球中，地球似乎是唯一能支持生命活下來的星球。關於生命，依目前所擁有的科學證據顯示，其他星球上只有氨基酸和岩石——連動物都不存在，更別提人類了。假如我們想想地球上還有多少種其他的生物，就會發現自己能生而為人真是個奇蹟。

▋ 有暇的人道，適合修行

在佛教經典中，比喻以盲龜游過地球般的大海洋，有一個牛軛浮游盪漾於海面，這隻烏龜每五百年才浮出海面一次──獲得人身的機會，就如同盲龜浮出時，牠的頭能穿過牛軛一樣地微渺。

我們可以想想生於人道是多麼地閒暇。佛陀認為人道是適合修行之地，因為唯有在人道之中，我們才能聽聞與修習心靈的教法。我們能發現自己的本然狀態，並幫助他人也發現他們自己的本然狀態。雖然出生在其他道仍有機會擁有醒覺的心，但概括而言，培養的困難度高了許多。

無暇的眾生，難以超拔

根據佛教的教法，在某些道中的眾生，是沒有形體的。而在其他道中的眾生，則以為自己擁有身體，但實際上卻沒有。有些道中的眾生，則因受苦太深而永遠難以超拔。

在某些道中，眾生不斷受到嚴寒、熾熱、刀割、潮溼、火烤、刺眼或黑暗之苦（地獄道）。有些道中的眾生，完全被嫉妒或瞋恨心所掌控（修羅道）。還有的眾生，永遠處於飢餓狀態（餓鬼道）。

在某些道中，由於生活過於享樂，眾生絲毫體驗不到苦的存在，而無法生起探究實相之心（天道），雖然壽命極長，但終究會凋零。

還有畜生道，那是由無明掌控的地方，對這些領域中的眾

生而言，覺悟的可能性比較小，因為牠們所有的能量都耗費在求得生存而已。

動物的習性其實十分有趣。當我觀看電視上自然奇觀類的節目時，心裡總會想：「動物到底會不會思考？如果有隻海狸霸占著大樹猛嚼，其他的海狸是否會生氣？」

在思惟人道時，我們可以想想動物受苦的景況——牠們如何被人類役使、成為人類的桌上佳餚，又如何互相殘殺。動物生命中的大部分時間似乎都局限在一處，並充滿混亂，有許多的侵略、衝突和恐懼。如果我們在猛獸出沒的地方紮營，或許就能體驗動物那種擔心被攻擊和生吞活剝的恐懼。

珍惜人身，推己及人

「暇滿」意指我們出生於合宜的時間和地點，具備珍貴的能力得以聽聞、思惟教法，並將之付諸實行，凡此種種，都能讓心獲得覺悟。

我們的身體十分健康，有遮風避雨之處，而且衣食無虞。我們有家人、朋友，還有機會遇見教導我們如何調心與打開心門的人。

如今全世界飽受核武戰爭、恐怖主義和全球暖化的威脅，在在提醒我們不應將這些視為理所當然，坐視不管。我們只不過是生活在浩瀚虛空中的一個藍色小圓點上，既微渺又脆弱的生物，但有時我們卻擺出宇宙主宰的架勢。

其實，我們可以有另一種選擇，就是對於能獲得珍貴人身

心懷感激，感激萬事萬物。透過感謝生命中遭遇的所有事物所帶來的力量，使我們得以繼續勇士般的精神之旅。我們與這世界都如外表所呈現出來的那樣美好，一旦有了這層理解，我們便能看清自己置身於神聖的世界中。

結果，我們內心就會充滿喜悅，雖然說不上每天都笑逐顏開，卻也不會再如此自怨自艾了。藉由感激人生的每個面向而助益他人：身體健康時，我們心存感激；即使生病時，也能利用病苦來喚醒自己，明白生命的可貴。我們可以感激自己擁有的健康，並對患病者心懷慈悲。當病重時，我們仍能保持好奇和勇氣，並把握此機會來激勵他人。

不論我們陷於任何痛苦，都能利用它來看清「人永遠在受苦」的實相。痛苦是人類共有的體驗，可以運用它，讓自己奠基於生命最根本的真實中。痛苦給予人最直接的體驗，使我們能仁慈且慷慨地對待他人，它讓我們直接透過同理心來幫助他人。我們能藉由痛苦來培養慈悲心，並推己及人，希望別人能避開痛苦。

我們可以思惟：「願眾生得離苦。」對於痛苦的直接經驗，只會讓我們對此期盼更為強烈，這甚至能減輕痛苦，因為喜悅相對地增加了。

於是，禪修變成美妙的體驗，靜坐在那裡，思惟每個人與整個世界的痛苦都獲得解除，禪修不僅轉變了我們對自己痛苦的態度，它更開啟了我們的覺悟之心。這樣的祈願文永遠都具有療癒性。

感激自己所擁有的一切

　　如果我們生活富裕，就應感謝自己擁有能力幫助他人；如果我們並不富有，也應感謝清貧生活中的簡樸和自由，我們永遠都能思惟和感激自己所擁有的一切。

　　在寧靜安住中，我們能透過這方法來馴服自己如野馬般的心。在思惟之中，我們得以激發出勇氣，引領自己的心邁向覺悟。

　　當心中產生無私的愛與慈悲時，我們便產生無比的力量，想幫助別人從迷惑和恐怖黑暗的輪迴中解脫出來。我們確實都是「圓滿」的。

　　這幾個都是我們可以思惟的念頭，藉以徹底體驗人身珍貴難得的意義。當我們修行轉化心靈，對所擁有的基本狀態心懷感激，便較不會陷入自我纏縛的網中。我們變得更容易與生命中簡單而平凡的快樂契合，生命中的問題便愈來愈小。

　　因為我們感謝自己擁有的一切，於是，活著變成是一件清新可喜之事。

譯註

① 有暇與圓滿：修行的基本條件，除了不生在「八無暇」當中之外，還須具備「十圓滿」，才能堪稱為「暇滿的人身」。「八無暇」是指地獄、餓鬼、畜生、邊地、邪見、長壽天、不值佛世、瘖啞，若無這八種惡緣便是「八有暇」。「十圓滿」則是指生於佛出世區域、諸根全、未犯五無間罪、未教他造無間罪、勝處信、佛出世、說正法、教法住、法住隨轉、他所悲憫。

第三章 ▌變易中不變的眞理

　　無常不斷呈現它的面目，我們卻為何急於隱藏？為何要編織永恆不朽的神話，而不斷加深痛苦的循環？

　　經驗、朋友、關係、財產、知識⋯⋯我們辛苦奮鬥了一輩子，為的只是想說服自己這些東西都會存留下來。打破杯子、忘記某件事或某人死亡，甚至四季的變遷，這些事的發生令我們驚訝，簡直無法相信一切都結束了。

無常總是來敲門

　　每逢夏季，我幾乎都會在洛磯山脈的禪修中心主持一個課程。我們在大草原上搭起各式各樣的帳棚，有飲食區帳棚、禪修區帳棚與休息區帳棚。大部分的人由於終年居住在建築物裡，所以大草原上的生活格外令人振奮。

　　我們在夏天開始時搭起帳棚，夏天一結束便拔營而歸。等到帳棚都拆除後，大家凝望著廣闊的大草原，總感到無比驚訝。我們悲喜交集，回顧整個夏天在大草原上發生的一切，令我們感到欣喜；所有的帳棚都消失了，這令我們覺得悲傷，一切似乎是如此真實。年復一年，不論我們已經重複做過多少次，到了每年夏季結束之時，內心依然會生起相同的感受。

　　這種苦樂參半的滋味正是我們的人生寫照，就如電影散

場、親密關係曲終人散,或孩子們長大時,無常總是來敲門。當然,承認無常不表示就此獲得了永遠,而是代表我們能與事實更和諧地相處,也更懂得放鬆。當我們放開對於永恆的執著,痛苦自然會減輕,因為我們不再受到愚弄。

接受無常,表示對事實較不會做無謂的抗拒,我們的痛苦中減少了逃避的成分,不再企圖逃躲痛苦。我們明白無常是一條穿越生命的河流,沒有任何岩石能阻擋它的奔流,能看清正因自己不斷地抗拒無常,生命中的悲傷與痛苦因而如影隨形。我們了悟到,痛苦是源自於追求永恆的欲望。

思惟能幫助我們了解自己鮮少細想的深奧真理,雖然它們涵蓋了我們的生命。我們思惟這些真理,以改變自己對於實相和生命的認知。

在禪修時,內心不斷地思惟「萬物都是無常的」,這句話的意義便開始滲透到我們心裡。當我們瞥見無常,內心就應謹記著那份了悟。如此一來,我們便逐漸熟悉自己以往所忽視的單純真理,生命也從此產生更深刻的體悟。

就在這一瞬間,天氣正在改變;我們的頭髮長了;不斷地有人死亡與出生;地球圍繞著太陽無止盡地自轉與公轉;我們的年歲日漸增長;我們的心情在一夕之間改變。不論理智上多麼清醒,我們仍習於自我催眠,以為這個世界、自己、人際關係、感情……都是永恆的。其實,這一切都是無常的。這樣的思惟使我們獲得非常基本的認知,於是又能安穩地回到鞍座上。

生命不可能永遠保持原狀

記得八歲那年，我從印度飛往英國，在這之前，我從未搭過飛機。當飛機在倫敦上空盤旋時，我看著腳下的世界，所有的建築物、街道、汽車都顯得如此渺小。這個情景讓我感到好開心，我等不及地希望飛機快點降落，這樣我就可以開那些小汽車了。但當降落後，原先那個「小世界」突然又恢復成大人的比例，一切都改變了。

這個世界是由無數動態的事物所組成。我們的心產生看似連續的事件和觀念。所謂的「戰爭」，其實只是一連串源自於信念和想法而來的巨大苦難，這一切永遠在轉變當中。我們所謂的「和平」，就是不具侵略性的一種平淡的狀態。

冬天既已來到，夏天自然無容身之處。我們便是這樣將生命建構在這個堅固世界中，一個堅實自我的概念之上，雖然這一切只不過是時而存在、時而消失的觀念與形象，就如在夜空中閃耀著的無數星辰。這世界有什麼是永恆不變的嗎？

在思惟無常時，我們可以細想一下永恆所代表的意義。永恆可能是「不靈活」的，可能是某種沒有改變的狀態，孤立於某個空間，不受時間或其他因素影響。這其中既無「始」也無「終」，無「因」也無「緣」，萬物永遠常住。我們看不到四季的推移，也不曾經歷出生、成長、戀愛、生育、衰老與死亡。因為永遠不會感覺飢餓，所以也無須吃東西。我們不會與任何東西產生關係，因為那將會改變我們。

在思惟無常時，我們看清生命不可能永遠保持原狀。於是，我們漸漸能放鬆心情，享受生命中所呈現的光明與黑暗、有形與無形、增加與減少的無盡變化。

了解無常能幫助身心安頓

思惟無常也是一種解脫的經驗，它能為生命帶來節制與喜悅。在本質上，我們變得更不執著，也明白自己其實無法擁有任何東西。

不論我們擁有的是金錢或悲傷，它們都只是來來去去。不論多麼期盼與心愛的人天長地久，但任何關係本質上都是相聚與別離，這並非表示我們的愛會因此減少，而是我們變得較不執著與痛苦。我們會有更多的閒暇與感激，因為不論生命輝煌或衰敗，我們都能身心安頓。

了解無常的意義，使我們對人生較不感到絕望。它帶給我們尊嚴，讓人不再瘋狂地追逐快樂，也不再將痛苦視為是應該逃避、恐懼或拒絕的東西，而知道事物會有所改變，這是打開覺悟之心的一個非常重要的指標。

我們已學會審視眼前的事物，不必再繼續偽造永恆快樂的想法：「如果我賣力工作，就能賺許多錢，然後就會很快樂。」我們明白快樂並非這樣產生的，快樂是由培養各種引導人們邁向覺悟的美德而來。究竟而言，快樂是源於智慧，以及理解那永恆不變的真理，就是無常。

第四章 ▌生命逐漸衰老

　　在一個像美國這樣迷戀青春的社會中，思惟衰老的過程是有益的。假如我們思惟衰老，以及它在生命中的地位，就能改變自己對衰老的態度。

　　在這思惟的過程中，我們專注於思惟：「衰老是人類狀況的本質，我讚美它」這句話的意義。

希望重回六十歲

　　出生是件痛苦而又美妙的事。從出生那一刻起，我們開始變老。孩童時期，我們體驗了成長、茫然無知，以及在陌生世界裡交朋友的痛苦；青少年時，我們又經歷同儕壓力與青春期。這些歷程都過得非常快，年輕時我們希望快點長大，等到年紀真的大了，恐怕又會希望自己能年輕一點。

　　在慶祝千禧年來臨期間，我觀賞一系列訪問百歲人瑞的節目。他們每個人都被問道：「假如能重新來過，你最想選擇生命中的哪個階段？」結果他們不約而同地回答：「六十歲。」

　　在那個年齡，他們心智成熟，同時又擁有健康的身體去做自己想做的事。他們當中有位人瑞在六十多歲時，才開始跑馬拉松，有人則開始參加飛航課程。

享受與欣賞衰老

就文化面來說，我遊走於兩個世界之中。在西方，人們為衰老而苦惱。當自覺衰老時，行為舉止便開始顯露老態。但在西藏，人們似乎不太在意衰老這回事，當我聽到母親和她那一代的西藏人談到年老時，語氣中卻滿是驕傲。

他們為自己能如此長壽感到驕傲，也為此歡欣喜悅。他們擁有年輕的心，永遠充滿好奇且勤學不倦。我最喜愛的一句西藏俗諺是：「即使你明天就要死去，今天還是可以學一點東西。」帶著這種態度面對人生，我們就不覺得自己是這麼老了。

有次我在深夜與母親從機場開車回家，途中經過麥當勞。我說：「那家是美國最有名的餐廳。」母親問：「哪一家？」我解釋說，美國有許多家麥當勞連鎖店，有許多人不贊同他們所供應的食物，她卻說想嘗嘗看。由於她大部分接觸的都是傳統西藏的食物，所以我不認為她會喜歡。

我們到了「得來速」的免下車服務櫃檯點餐，對她而言，這是個全新的體驗，整個過程令她大開眼界。我為她點了一個漢堡，等開車離開時，她咬下了第一口漢堡。我問她：「味道怎麼樣？」讓我大吃一驚的是，她竟然說：「太棒了！這漢堡肉熱呼呼的，麵包綿細柔軟。」結果是，她並不喜歡美國其他的餐廳，卻對麥當勞情有獨鍾。

在思惟「衰老」時，或許我們能從這些西藏朋友身上獲得

一些啟發，他們能享受與欣賞衰老，而非懼怕它的到來。我們無須絞盡腦汁，一味地想要克服衰老的過程與經驗，因為我們有更多的智慧能提供給他人。

正確的飲食與適當的運動，以及最重要的——對生命保持一份好奇心，便能維持自己的健康與活力。我們可以學習讚美年紀漸長的事實，而無須躲藏在否認與混亂的陰影中。

第五章 ■ 生命終會死亡

　　大部分的時間裡，我們都避談死亡，不願想到死亡。

　　每當思及死亡，內心便感到不寒而慄，可能還會覺得些許驚訝而失去平衡。我們懼怕死亡，部分源於不知死後會發生什麼事，再者就是害怕死亡時可能經歷到的痛苦。

死亡是我們最信任的朋友

　　但是，當我們藉由思惟死亡以窺探它的真面目時，死亡的意義便開始滲入到我們心裡。思惟死亡能讓人產生力量，因為它釋放了我們的恐懼。所以，我們應思惟這些句子的意義：「死亡是我的朋友，是我最信任的朋友，因為它永遠在等待著我。」

　　環繞在我們周圍的生命與死亡之舞，交織成我們存在的肌理。死亡是我們的朋友，因為它給予我們生命。死亡為生命下定義，若無死亡，我們便無法珍惜生命。在生命中的每一刻，死亡都在等待我們。

　　人終須一死，我們不知自己何時會死，也不知最後會以何種方式離開人世。我們認識的每個人都將面對死亡，父母、朋友、孩子、寵物、喜愛或憎惡的人、王公貴冑、國家元首、電影明星、搖滾巨星、富人或窮人等等，莫不是如此，大家的命運都相同。這副軀體終將化為塵土。

死亡以深刻的面貌向我們呈現

只要不對死亡抱持病態的恐懼心理，那麼每當死亡呈現它自己的面貌時，我們便能思惟它或跟朋友討論。若我們曾經歷過差點被巴士撞到，或出車禍、生病的時刻，那麼，我們便可深思生與死之間彼此滲透的相似處。

當自己親愛的人死去時，我們可以審視、質問死亡，並讓它轉化我們。「死亡到底是怎麼回事？為什麼會發生？」不同的文化對於死亡有不同的詮釋。

當我們體驗到死亡的真面目時，它觸動了我們的生命，以一種深刻、奧祕的面貌向我們呈現，但大部分時候，我們寧可不去深入探討它。當我們直接受到死亡衝擊時，其實可以向它敞開心門，試著去了解它。

當我得知父親病重時，內心如何都無法接受他可能即將死去的事實。他是位偉大的禪修大師與佛法老師，在中國入侵西藏後，他帶領三百人徒步翻越崇山峻嶺，才抵達印度。多年來，他在北美這塊荒地上遍植佛法之花。他是位偉大的勇士，如果有任何人能避開死亡，似乎應當非他莫屬。他的死亡會在我與許多人生命中，留下巨大的遺憾。

父親臨終時，我就站在床邊。當時，那整個空間變得強而有力，幾乎在放光。我腦海裡沒有任何念頭升起。這情況一直持續好幾天，彷彿生命中的實相已轉移了。我一生都在聽人們談論死亡，也曾遇見臨終或已死去的人。但父親的死，

卻似乎以截然不同的方式衝擊我的心。

他的死讓我了悟到自己也會死，以及「人皆會死」的事實。它也搖撼了我以往對於生命抱持的錯誤觀念，並深刻轉化了我的人生態度。

接下來的好幾月，我不斷地思惟自己應如何走下去。我了悟到死亡是真實的，不該再浪費時間，我比以往更加精進地修行與研讀。透過與死亡如此親密的接觸，幫助我更珍惜自己的生命。

死亡讓我們的愛更有力量

我們經常拘著生命可無限揮霍的心態來過日子，因此便貪求擁有一切。死亡的事實，對於人生能擁有什麼、能做什麼加以設限。

我們無須隨時隨地都想到死亡，但深刻地探索、思惟它，則讓生命產生不同的視野，並得到激勵，也能讓我們更加地謙卑。

死亡使我們審視自己生命的平衡度，並決定各項事情的輕重緩急。什麼事對我而言是重要的？我應當如何利用自己的生命？一旦與死亡產生連結，我們便能以更開放的態度接受各種情況。它讓我們的愛更有力量。

第六章 ▌ 輪迴與業力

　　我們在人生中所體驗到的各種起起伏伏，基本上都無法逃脫「輪迴」這兩個字。「輪迴」是個無止盡轉動的輪子，我們以為生命是以直線的方式，朝著進步的方向前進，但事實上，卻是沉陷於無明的循環中，在這一世結束後，又重新開始。而讓我們始終無法跳脫輪迴的，是「業力」的因果作用，不論是誰，生生世世都陷在這個過程中。

輪迴不是一種罪愆

　　輪迴總是具有決定性的力量。我們為了讓自己快樂，不停地追求新鮮的事物，永遠被欲望牽著鼻子走，只想獲得最後的滿足。

　　然而，不斷追逐的經驗徒然使內在更加騷動不安，我們依然貪求另一樣東西。我們需要吃飯、聽音樂、看電影，然後還得泡個澡輕鬆一下。

　　想要「獲得滿足」的欲望，是個永無止盡的過程，它是驅迫生活前進的動力，結果卻會造成痛苦。輪迴不是一種罪愆，它只是當我們受負面情緒驅使時所造成的結果，這便稱為「苦」。從佛陀的角度來看，其實我們只是生生世世在這輪迴中流轉。

輪迴之苦

輪迴之苦呈現在三個面向：苦苦、壞苦與行苦。

▌苦苦

「苦苦」是非常基本的痛苦，即使連出生到這世間就令人痛苦。我們呱呱墜地時會哭，因為必須離開母親的身體，進入一個既會熱又會冷的世界。就某種程度而言，我們一生都在自我防禦，以對抗人生中這些基本的痛苦，例如穿保暖的衣物以禦寒，或利用建築物遮風蔽雨來保護自己，但就是無法擊敗苦苦。

人生不如意事十常八九，例如開會已快要遲到，卻被反鎖在門外；試圖進家門時，竟弄傷手指頭；接著出門時，碰上了大塞車；等到好不容易趕到會場，才發現會議已經取消。這就是所謂的「苦苦」。

▌壞苦

然後，人生中還有「壞苦」。不論追求快樂的對象是什麼，最後都會變成痛苦。

我們體驗到這種痛苦，不論是在熱戀與失戀中浮沉時；或到一家很棒的新餐館去享受一頓美食，卻在幾小時之後腹痛、狂瀉不止；或發現所買的衣服都已退流行；而向來賴以追求快樂的身體卻開始生病、崩壞，並以各種痛苦來襲擾我

們。我們所體驗到的凡此種種，都是壞苦。

▌行苦

第三種痛苦是「行苦」，意即遍一切苦。這種苦是源於人生的實相——沒有任何東西堅實不變，萬物都受因緣的制約，且處於恆常變動的狀態。

就原子而言，萬物都不斷地分分合合；意識在彈指間就已在人類心念中生滅千百次。我們所覺知的世界，以及覺知的方式，都不斷在變動之中。行苦正是這過程中本具的特質，不論我們擁有什麼，都不可能打敗存在的變動與不穩定性。這種不穩定的程度，造成我們心理的不安。

輪迴是種「一切都為我而存在」的態度

思惟輪迴的重點不是要讓人感到無力或沮喪，而是要人明白輪迴的本質，不再受到愚弄。如此一來，我們就會放棄打敗輪迴的念頭，不再以為自己的計畫將會帶來永久的快樂。

我們可以明白輪迴的道理，保持清醒，並從輪迴的命運中超脫。每天早晨醒來時，可以先告訴自己，雖然今天我會體驗到痛苦，但我無須企圖贏過輪迴，因為那終將徒勞無功。

輪迴不是某個地方，而是一種態度——「我是真實的，一切都是為了我而存在。」當我們覺察到自己抱持這種態度，以及它所帶來的痛苦時，便能開始有所改變。產生輪迴的動力在於，我們不斷地想從不善行中獲得快樂，結果只讓人更

加迷惑，進而生起固執、貪欲、侵略、嫉妒與驕慢的情緒。
這樣做帶來的不是快樂，而是痛苦。

業力表示「作為」

　　痛苦是不善行所導致的業力，業力表示「作為」，用藏文
來說，就是le。我們習於簡化業力本身具有的靈活互動性，
而認定只是某件事情才導致另一件事的發生。

　　然而，業力的作用遠較此更為複雜，往往是許多的因素匯
聚，才形成的某個結果。想像一下我們能順利開車上班所須
具備的各種條件：身體健康、像樣的衣服、跑得動的車子、
路上平安，以及熟記到辦公室的路線等。我們吃的蘋果是誰
種的？由誰採收？是誰把它們運送到超市？業力的作用，讓
世界的運作得以繫於不墜。

　　我們都希望能得到快樂，沒有人想要痛苦。所以思惟業力
的關鍵在於，去審視是什麼因緣條件的聚合，才會產生快
樂，而在何種因緣之下，又會產生痛苦。然後，我們才能讓
自己的人生朝著快樂的方向邁進。

　　如果我們為了追求更美好的人生，而放任自己的貪欲與侵
略性，結局就是要面對痛苦。若這份痛苦導致更多的憤怒與
嫉恨，我們也不應感到驚訝；這一切不過是業力的作用。相
反地，我們的行為若奠基在慈悲、仁慈、愛、耐心與不執著
等美德上，我們最終會得到快樂。

種瓜得瓜，種豆得豆

　　這些特質之所以被視為美德，因為它們提升心靈的層次，使人超越負面情緒的掌控。例如，當我們與另一半嘔氣時，若能練習不侵略進犯，取代那使得瞋心益加熾旺的怒火，便能平靜地解決彼此差異所帶來的問題，並保持和諧的氣氛。

　　雖然保持耐心或多或少是出於自利的考量，不過，凡是出於美德的行為，終究能帶領心走向覺悟之路。透過實踐這些美德，我們終能發掘內在的無我、空性與光明的本質。從美德而來的行為帶來美德，最後也會導向快樂。

　　「種瓜得瓜，種豆得豆。」業力作用的方式正是如此。如果你種下的是不善因，得到的便是痛苦；如果種下的是善因，得到的便是快樂。假使你運用強烈的負面情緒企圖獲取快樂，那是永遠都不會成功的。所以，我們必須先思惟自己的動機與作為，思惟輪迴與業力的作用，才能更增強我們想要脫離苦海、邁向真正快樂的決心。

第七章 ■ 躍入佛陀之心

當我們思惟無常、疾病、衰老、死亡，以及這珍貴難得的人身的所有面向時，就會發現自己對於所謂的「真實」，抱著多麼固執、僵化與緊抓不捨的態度。很明顯地，這種固執只能來痛苦與悲傷：我們愈是任性，內心的憤怒、嫉妒、傲慢與創痛的情緒，就累積愈多。

慈悲的誕生

每當我們想尋求更多的滿足，到頭來只是得到不同程度的痛苦罷了！所有的這些痛苦，其實都源自某種自私的動機，我們看清自己只是誤將情緒、觀念與想法當成是真實的，才會這麼做。

透過禪修的力量，明白這些情緒基本上虛幻且空洞。我們耗費無數時光，在生悶氣或貪戀某些事物上，到頭來卻發現這一切只不過是一場夢境。我們漸漸了悟到，由於這層單純的誤解，阻礙了自己獲得幸福與快樂的機會。

了解迷惑與痛苦如何產生作用的洞見，正是打開心門、通往覺悟之道不可或缺的元素。我們必須了解痛苦的本質與起源，一旦如此做，就是明白如何做個覺悟的人，這將為我們開啟一扇通往世界的窗。

我們發現到，這世上的每個人都與自己一樣想要快樂，但

其他人由於以幻為真的緣故，而帶來許多的痛苦與悲傷。我們對他們所體驗到的痛苦產生誠摯的同理心，希望他們的痛苦能消失。

這便是慈悲的誕生。慈悲擴展我們的心，它的藏文是nying-je。Nying代表「本質」或「心」，Je則表示尊崇、神聖。慈悲意指擁有神聖的心。

那些具備神聖之心的族群就是勇士菩薩，因為他們的心既寬廣又勇敢，所以擁有超越的見解與發心，希望能為世人的痛苦貢獻己力。

每個人都有菩提心

慈悲讓人心中生起愛。「愛」就是希望他人能快樂，能心想事成──不論是物質或精神──只要他們希求的，便能滿足。這種愛與慈悲即稱為「菩提心」，意思是「覺悟的心」，已覺悟的心會很自然且無條件地關心他人的福祉。

「菩提心」的藏文是changchup sem，我們可將之詮釋為：「我要無畏地奉獻以謀求他人的快樂，直到眾生皆能成佛。」這份心意表達出勇士菩薩的初發心，勇士菩薩就是誓願要獲得覺悟，以利益他人的人。

佛陀覺悟時發現，每個人都具有菩提心，也都能幫助他人。使人執著於自我感的，是各種散亂的念頭與情緒，在這個大漩渦中，其實每個人心中已然潛藏著愛與慈悲的種子。菩提心是發散出愛的光芒的心，它在不自覺的情況下，自然

且不斷地生起利益眾生的愛與慈悲。那是一條愛與慈悲之河，將眾人連結起來，其中沒有任何僵滯或執著。

菩提心帶著一點點溫柔的哀傷，猶如一個永遠裸露的傷口，它是我們的真實本性。培養這份特質，能使我們未來更平順，因為有這些適當的條件，覺悟的心會如花朵般綻放。當這情況發生時，我們將同步明瞭事物的本然狀態。

菩提心能從任何地方生起

每當發現自己希望他人獲得快樂，而不企求任何回報時，覺悟的心已然產生。菩提心可以無私而廣大，就如父母不願讓孩子受苦，而願為他們做任何事一樣。菩提心也可在一些小小的心願中表達出來，例如希望某人有食物可吃、在考試或工作上一切順利。

那個喜悅與關懷的剎那就是菩提心，它是我們本自具足的覺性，從開放的心中生起，如寶石般自然地發散出耀眼的光芒，這才是我們真正的財富，才是永遠豐盈而且取之不盡的祝福。

菩提心能從任何地方生起——在辯論、閱讀、走路時，或在每次想去幫助孩子、動物、老人、朋友時，且這付出是無條件，也不求回報的。菩提心也從慈悲的心念中生起，對於別人身受的痛苦，例如割傷指頭或罹患癌症，我們希望這一切都能停止。

推己及人，才能獲得眞正的快樂

我們一生之中不斷地體驗到菩提心的生起，但它往往稍縱即逝。有時我們感受到一股巨大而無條件的愛或慈悲，但隨即如太陽顯出或隱藏於雲端，又如同流星劃過天際般，雖然明亮，但很快就消失了，感覺如不速之客，因為我們並不習慣愛或慈悲的出現。

菩提心可能偶爾冒出頭來，又被壓下去，因為我們的心尚未寬廣到足以容納這顆溫柔、開放，而又勇敢的勇士之心，它只容納得下「我」──我的關切與我的願望。

如今，我們的心更加柔軟有彈性，生命自然的喜悅便得以擴展。在思惟菩提心時，我們是在試著將心擴展到某個境界，那裡無條件的愛與慈悲，成為我們最主要的支柱與基本動機。

培養菩提心包含態度上的基本轉變，關鍵在於將禪修所緣的對象，逐漸從自己轉移到別人身上。我們的心向來習慣向內看，只專注於自身，如今則需要加以轉化，才能讓注意力轉而向外。

事實上，我們整個的存在總是以自我為焦點，所以，非得費番功夫才能扭轉這個傾向。當我們看清那種永遠只考慮到自己的習性，徒然讓人陷於不快樂的事實，才能引燃內心轉變的動力。推己及人，才是通往真正快樂的道路。

這類修行的重點在於，藉由感受到心的愛與慈悲，我們能

擴充它的範疇，再加上追求的願欲，如此最終能像佛陀般，將開放的心延伸到自己所遇見的每個人身上。為了達到這目的，我們需要經常修習菩提心。

對親密的人修習菩提心

在所有的思惟中，菩提心的生起是取決於堅定和安穩的心。我們以寧靜安住為基礎，便能在內心產生某種感覺，並專注地使它保持下去。反過來說，當我們思惟慈悲與愛時，也同時增強了自己的正念。

▌不以二分法劃分關愛的對象

首先，是對親密的人產生愛與慈悲之心。我們內心充滿這種感覺，然後逐漸擴大所關心的範圍，包括那些我們認識的、感情普通的與厭惡的人，直到有情眾生皆成為關心的對象。經過不斷地培養，不論我們遇到何種人，內心會自然生起這樣的菩提心。

我們先藉由安歇在平等住的開放氛圍中，開始進行思惟。透過這種態度，慢慢地放棄區辨敵人與朋友的各種僵固觀念，這是我們常用來劃分世界的方式。我們習慣以他人給我們的感覺，做為是否要喜歡這個人的標準，但這些想法隨時都在變化。今日所愛之人，明日可能反目成仇，仇敵可能變成朋友，座上佳賓也可能淪為惡棍；反過來說也是一樣。

我們在生活中的各個面向，都習慣以這種二元化的劃分

法，即使在動物界依然，我們不時為牠們貼上好或壞的標籤，例如鯊魚是壞蛋，兔寶寶卻善良可愛，蝴蝶非常美麗，蚊子則令人生厭。

如今，我們要捨棄這些成見，提升自己的境界，培養對眾生與萬物無條件的愛與慈悲。如果我們只對所愛的人生起菩提心，這樣的修習只會加深我們的執著。

一九五九年，當中國武裝入侵西藏後，逃得出來的人在一夕之間都成了難民。這其中包括達賴喇嘛，以及多位政治與宗教領袖、富裕的地主，還有最貧窮的牧人與農民。當這些難民抵達印度後，不論他們原本在西藏的社會地位如何，如今全都流離失所，每個人都是平等的。主宰者與從屬者、喇嘛與僧侶、富人與窮人，在這異域中，所有的人頂多只能是政治難民的身分。

▌以平等心關愛他人

為了激發平等心，我們應抱持這樣的心態，相信凡是所遇到的人，不論是直接或間接，都曾對自己有所助益。

開巴士的司機載我們到達目的地；報社工作人員忙到深夜，我們一早才有報紙可看；一個素未謀面的陌生人，親手種出我們午餐所吃的馬鈴薯；即使是我們厭煩的人，也能偶爾與他人分享愉悅的時光。如果相信輪迴轉世的說法，這種傳統的思惟方式，便能幫助我們思惟所有人在過去累世累劫以來，都曾是我們的母親。

我們了解到自己遇見的人，都曾給予我們如母親般無條件

的愛與保護，就如我們曾愛過每個人那樣。在飛機上，坐在身旁的那個人，很可能在某一世曾經是我們的父母、孩子或者親人。

建立平等心的關鍵在於，我們要捨棄自己對種種看法的固執態度，以及喜愛或憎厭的相對觀念。

帶著這種態度，重新出發去面對人生，時時提醒自己在此刻令我們內心生起愛、溫柔與關懷的人。這對象可能是母親、丈夫、妻子、孩子，或我們寵愛的貓與狗。重要的是，當我們想到這個人或這隻貓時，那顆心便自然而然地放在他們身上。

我們對此人生起愛或慈悲心的原因之一，是因為他們也關心我們。每當思及此人，我們的心量就不自覺地變大了。他們曾以各種方式為我們的生命帶來喜悅、友誼與舒適，每當想起他們的仁慈，便希望能有所回報，這時，彼此的心已開放且產生了連結。我們帶著毫無條件的心，祝禱他們快樂，並遠離痛苦。

於是，我們心中開始生起對他人的祝福：「願我哥哥旅途一路平安」、「希望戴安的手術成功順利」，或只是「願大衛快樂」，我們就這樣輕易地感受到對他人的愛和慈悲。

▋ 體驗本具的菩提心

去親近這份最直接的感覺，好讓堅硬的心漸漸鬆動。這一道溫柔的光線射出，猶如初春的泥地中冒出頭的翠嫩番紅花，這就是菩提心。我們沐浴在那片愛的光芒與成長中，且

安住在其中。

我們讓四周的泥地更加鬆軟，像花朵浴沐在陽光之下，自己也喜悅地沉醉其中。這份感受如此清新而美妙，我們只希望能不斷地擴充它，於是有更多的光線、愛與關懷就此傳送出來。

我們完全沉浸在這份菩提心的自然喜悅中，內心如釋重負。正如同發現想從自己與他人身上獲得的，其實早就含藏在我們心中了，我們彷彿如夢初醒。沉浸在這個能量中愈久，菩提心就愈廣大。

思惟菩提心的過程需要釋放許多東西，當我們如此修行時，內心可能湧現對自己所愛之人的期待與恐懼，也可能想起那些不喜歡的人或不愉快的過往，而產生各種負面情緒。

面對這些讓人分心的情緒時，並非以愛的假面具來壓制它們，當心回到如「願某人快樂」或「願某人離苦」的祈願中，內心便會出現某種比情緒的騷動不安更深沉的東西，它會說沒有關係，我們可以讓這些憤怒消失。

那個「更深沉的東西」就是菩提心在擴展，猶如在修止中體驗到的寧靜，這份菩提心是一種內在本具的、一個自然的休憩之地。然而，我們必須修習到熟悉它的程度，且讓它不斷地擴充。

對不太熟悉的人修習菩提心

對所愛之人，我們是溫暖又開放的，安住在這股感覺中，

所散發出的光芒範圍也愈加擴大，現在已寬廣到足以含括不太熟悉的人。

我們可先從祝福某個鄰居或舊識開始：「願賈瑞的朋友能得到他想要的工作。」我們慢慢了悟到，這人正如我們所愛的那些人，也應獲得關懷與慈愛。如果我們更勇敢一點，就可以祝福人們得到喜悅的根源——發現我們的本初善。

我們祝福他們找到遠離迷惑與痛苦的方法。每個人都有權利獲得快樂，沒有人應該受苦，我們就這樣將這份情感擴展到他們身上，而逐漸發現自己內心有許多的愛與慈悲，願意與他人分享。

當心中生起這些情感時，它們能帶來某種真實的慰藉感。這猶如陽光融化了心中的那塊堅冰，將之化為溫暖誘人的一池水塘，讓我們得以優游其中。

我們愈是修習菩提心，那方水塘就會愈大，也就能邀請更多的人來分享這份溫暖。這種財富是自給自足的，只要生起愈多菩提心，擁有的也就愈多。

對陌生人修習菩提心

現在，我們將自己的心擴展到陌生的人——不論是在街上或在辦公室，看著他們的眼睛，就會發現他們跟我們一樣，就如同是我們的孩子、母親、兄弟、妻子或丈夫。

我們甚至可將這份愛與慈悲，擴及到電視上所見或報紙上所讀到的人物身上。他們也許不是我們的妻子或朋友，但每

個人都同樣需要愛與關懷。那就有如我們對他人產生強烈的愛與關懷，他們的幸福就成為我們的快樂，正如同邀請人家來共進晚餐，我們盡心盡意地準備食物，全神貫注於客人是否吃得高興、玩得開心。要是他們玩得很盡興，我們就會很快樂。

如今這株稚嫩的幼苗已然長出巨大的莖幹，在內心產生愛與慈悲的過程中，我們已進入佛陀之心──這裡對眾生的愛與慈悲是無限的。它是一種自由自在流動的能量，並非只專屬於我們，它超越性格與觀念的限制，能將眾生都連結起來。如今我們能顧及到自己所厭惡的人，並將愛或慈悲的溫暖傳送給他們。

對一切眾生修習菩提心

接下來，我們可以將菩提心擴及到眾生的身上。我們內心生起強烈願望：「願眾生都獲得快樂」或「願眾生都遠離痛苦」，並就此安住於這個巨大耀眼的熱情之火中，它是如此地燦爛奪目，讓我們湧現與萬物合一的感覺。這就是菩提心，也就是偉大的覺悟之心；這也正是勇士菩薩之心，能永遠關懷眾生。

當禪坐結束後，我們仍要讓這股熱情之火繼續燃燒，讓那份溫暖，以及關心他人福祉的心意，在自己有生之年永遠實踐下去。當如此做時，我們便會立刻發現覺悟的特質了。

此刻的我們正駕馭著那匹千里馬──這份人性本初善的能

量，事實上，從一開始，它就屬於我們了。如果將生起愛與慈悲看成樂事一樁，到了某個程度後，它便能隨時隨地自然呈現，有如躍入覺悟之心，而那顆心便如同自己的心。當覺悟之心覺醒時，它代表的不僅是我們擁有什麼，而是我們所呈現出來的特質。

如果每天早晚都花一些時間修習菩提心，便能在回顧這一天時，感到無限欣喜，因為我們做了有價值的事，能勇敢地打破對「我」的執著，撥出時間來關心別人。為了讓心能容納別人，心必須超脫狹隘的自我設限，且不再那麼關心自身的利益。我們的心只要再向外擴展一些，這麼做的話，我們實際上也是將愛與慈悲延伸到自己身上。

以菩提心改變世界

這並非說時時刻刻都要想到地球上的每一個人，生起菩提心是指，我們經常在心中想起自我與他人、主體與客體。僅僅透過超越「我」的思惟模式，就是在做某種循環，並將某些東西回饋給這個地球、世界，只因我們想著「願她快樂」而非「願我快樂」。

於是，我們的生命結構開始改變，並在某種程度上，改變了這整個世界的結構。地球上有這麼多人存在——但有多少人會在蒲團上靜坐，帶著寧靜的心，在生命中產生愛與慈悲？有多少人知道我們是可以這麼做的？即使我們知道，又有多少人會騰出時間來靜坐？

當生起覺悟心之後，我們會發現，它為生命帶來快樂與寧靜。思惟、憶念以及產生菩提心，必然使人走向快樂和寧靜的康莊大道。在面對痛苦時，若有愛與慈悲之心，內心終究會生起真正強烈的欲望而獲得覺悟。

所以，在香巴拉佛教(Shambhala Buddhist)傳承中，快樂被視為善；因為善會產生更多的善，而快樂便是我們經驗美善的方式。

第四部

在世界中的勇士

第一章 ▌ 發心

　　「發心」在藏文中是künlong，意思是「超越」、「出現」。我們超脫輪迴的方式就是擴大發心，這是需要勇氣的。

　　擴大發心的第一步是停下腳步，並注意自己在做什麼。我們可以先問自己：「人生的目的何在？真正的意義是什麼？我以什麼發心度過此生？」我們愈思惟發心，它就會變成一股更強大且威力十足的力量。

追求世俗的發心

　　傳統上來說，我們可以憑藉幾種不同層次的發心而活，這些發心是人類潛能的自然發展。

▌ 滿足物質需求與自我快樂的發心

　　第一種發心是物質需求的滿足，這是很普通的一種。我們都需要吃飽穿暖，還要有個遮風蔽雨之處。能照顧家人與自己是件好事，但如果這是我們人生唯一的發心，那麼就是未充分發揮人類的潛能。

　　第二種發心的範圍稍廣，那就是結合世俗追求的目標與修行。在我們的文化中，有許多人發心修行是出於世俗的願望，他們運用精神的力量，成功地如願以償。運用修行來獲得所求，這是件好事。

人們總是向眾神獻供，目的是為了祈求五穀豐收，然而我們應該清楚，這種發心的核心所包含的，仍然是追求自我快樂的欲望。

　　這類發心的危險在於，我們可以自欺欺人，以為拜神能使我們脫離凡俗，事實上，這扭曲了修行的意義，只是將其合理化，成為追求生活舒適的行為而已。這是人們常犯的錯誤，但並非什麼罪過。

　　我父親經常教導有關「突破修道上的唯物主義」之類的想法。意思是，突破自己想利用修道，以滿足堅實自我的企圖。佛陀也教導我們，從禪修中所獲得的安穩與寧靜，正如同任何古老的欲望一樣，都是誘人的陷阱。

■ 為追求享樂而發心，只會帶來痛苦

　　我們從自己的修行中，創造出某種「安適區」，然後躲藏在那裡。我們可以變成「精神上的毒癮者」，因為發心只是想讓自己感到舒服。

　　今日社會上有許多貼著「修道」標籤的行為，實際上只是在追求享樂與飄飄然的快感。這種以修道之名誤導眾生，但實為自我陶醉的行為，只會為生命帶來更多的痛苦。

　　真正的修道，是讓我們愈來愈認識自己，一旦認識自己的真面目，便能發現他人的需要，並願意付諸行動來幫助他們。如此落實於我們本具的本初善之中。

■ 為累積功德而發心，有機會生為人身

當我們開始思考自己的行為，可能影響到死後時，我們發心的範圍又更廣了。因為看清因果之間存在著巨大的關聯性，也看清今生的行為將直接影響未來的這個事實，所以會有更大的發心。抱持這樣的發心，我們修習精神上的法教，以確保擁有更好的來生或轉世，這端視自己的信仰而定。

在傳統佛教文化中，人們行善是為了累積功德，「功德」猶如一系列骨牌造成的連鎖反應，能在今生與來世帶來正面的成果。

西藏的牧民長途跋涉前往聖地朝聖，有時須經過好幾個月的風餐露宿，但他們仍虔誠地以五體投地的大禮拜方式，橫越整片荒瘠的平原與山脈，以此苦行來表達對佛陀感人教法的無私奉獻。但潛藏在他們行為背後的發心，是想藉由今生的善行，以獲得來世更大的幸福。

當我在西藏旅遊時，往往因這些牧民們真誠的奉獻而感動。每個人都獻供給當地的寺院，即使是幾乎身無分文的人，對老師或僧侶也都慷慨布施。每當我停留在某座寺院中時，村民都會排上好幾個小時的隊伍，又推又擠地亂成一團，只為了能獻上自己微薄的供養。

人們花時間在石頭上雕刻咒語，並在聖地繞行。雖然禪修與獻供是西藏文化的基礎，但他們真正的發心是希望未來一切平安順利。他們對於現在的「我」不太感興趣，但對於如何為死亡與來世預做準備則興趣濃厚。

他們明白，需要花費累世的時間才能覺悟，所以不斷行善

積德，為自己創造各種良好的因緣條件，以利將來能投生於善趣，並獲得究竟覺悟。

依佛教觀點而言，這代表將來仍有機會能生為人身，並有機會聽聞與修習佛法。這種發心只不過是「今天事事如意」心態的延伸，我們企圖讓萬物各得其所，未來的一切都能夠美好，順利愉快的好日子能綿延久長。

出離輪迴的發心

接下來，我們看到更大的發心，清楚地了解到因緣之間的連鎖反應，它們以循環不已的、無止盡的、基本上令人不滿的方式，來支配我們的世界。或許我們曾在一段段牽扯的關係中掙扎，也或許在家庭與工作上接二連三地發生問題。

於是，從某件事情中，我們看清內心深處的迷惑，以及輪迴本身無止盡的黑暗。我們了悟到：痛苦、悲傷、無常與死亡，都是生命所刻畫的各種面貌。

當我們進入這個更大的發心，便能跳脫想要從痛苦輪迴中獲得所求的想法。我們看清循環無止盡的本質，並希望這巨輪能停止運轉。此刻我們的發心是跳脫生死循環的束縛，希望從痛苦中尋求自由。

這時，所有的發心都只能算是微渺的，因為這些發心仍圍繞著我們自身的快樂打轉，而非以他人的福祉為出發點。然而這時，每個發心又比先前擴大了一些，因為它的視野更寬廣了。

一個人發心的大小，其分界點就在他所關注的焦點，到底是自己的快樂或是他人的，若為利益他人而捨身，這種作為被視為偉大的發心。

邁向覺悟的發心

擁有勇士菩薩般偉大的發心，我們才得以產生菩提心。菩提心是人類最美好的心，能鼓起勇氣依菩提心而活著，則是最偉大的發心，正是這份發心引領人走向覺悟。

▌幫助他人看清本具的良善

了解受苦的原因，明白能採取某些作為以消除痛苦，便能帶領跟我們同樣陷入痛苦的人，步上自我奉獻與服務他人的道路。

了解痛苦的真貌後，我們便不再懼怕，並能產生勇氣，真正地把愛擴及到他人身上。這並非我們自認為比他人更優越，而是因為了解人人皆生而平等的道理。

我們知道，別人跟我們一樣擁有本初善，但因不了解本具的財富而受苦，所以同樣也可以藉由生起菩提心，而獲得覺悟的心。

這能令人產生更大的慈悲心，當對自己的本然狀態愈有信心，我們就愈想幫助他人看清自己。這份智慧成為我們心中的太陽，而慈悲心則是皎潔光輝的月亮。

這是覺悟者的發心，它是沒有疆界的，就如心本身能無限

擴展一樣。利益他人能以許多不同的方式呈現，但是幫助他人看清其本初善，進而從迷惑與痛苦中覺醒，這才是最究竟的利益。我們以眾生的福祉為己任，並努力追求無上的覺悟，做為引領他人同獲覺悟的工具。

我們對於迷惑與痛苦的根源是如此熟悉，內心自然湧現對眾生的愛與慈悲。為了減輕他人的痛苦，我們願意盡一切努力，在無盡的來生來世，願意為著他人的利益而竭盡心力。即使不見得相信有許多來世的存在，但那份勇氣卻有這麼大，我們就是有那股堅毅的決心與高瞻遠矚的眼光。

▌開放心靈，思惟自己的發心

這是勇士菩薩之道，他是下定決心達到覺悟的人。顯然地，這是種有價值的發心，但誠實地面對自己，從頭做起是很重要的。

我們得腳踏實地才能走更長遠的路，並要逐漸擴展自己的發心，重點是要更熟悉自己的發心，並以思惟的方式來讓它開始生起。

思惟自己的發心，需要先放慢生命的腳步、開放心靈，並與自己的生命韻律協調一致。現在發生了什麼事？是什麼在驅動我們前進？

我們的發心隨時都在改變，只要覺察自己的心量，隨時都可以擴展，那麼接下來可能感受到的沮喪或無力感，皆不足懼。我們應將生起發心，當做是打開心門、超越痛苦的方法——沉浸在與眾生合一的菩提心之中。

思惟發心的過程中，有時會發現自己被困在堅硬和封閉的心靈裡。有什麼力量能讓人從這種消沉的心態中走出來？有時藉由淋浴、散步或休息的方式，或許也能讓人放鬆，以融入更大的發心之中；有時或許做幾分鐘瑜伽或靜坐，都可以讓人感覺更好、更堅強一些；到某一個時刻，我們便會明白，雖然讓自己感覺舒適，也能收振奮之效，但它只能維持一陣子而已。這是對出離心的短暫一瞥。然後，我們的心在想起某個出車禍的朋友時，可能會稍微柔軟下來，而無法再繼續做瑜伽。我們的心流中生起了慈悲，不再只是關心自己的福祉，心已柔軟且成熟。僅僅透過關心他人，就已進入覺醒之心的勇敢發心了。

▌將心轉化為勇士菩薩的發心

每個人都有能力帶著這份廣大的發心，與自己的心結盟。我們必須明白自己的力量所在，禪修的目的就是要讓心開放、柔軟，以超越封閉的惡性循環，讓人生更開闊寬廣。踏上修道之旅需要戒律、勤勉與堅毅，就如所有的旅程一樣，都必須始於第一步。

嘗試做做看！明早睜開眼睛時，坐在床上，先好好地深呼吸，然後問自己：「好！我心裡是什麼感覺？我今天要怎麼過？是什麼力量在驅動我？」想想其他不同的發心。先花幾秒鐘思惟你的發心，或是以五至十分鐘的簡短儀式來為這一天揭開序幕。

每個人都有個初心，你可以運用這機會了解自己的，然後

將心轉化為勇士菩薩的發心。

　　令人欣慰的是，覺醒的心與廣大的發心和諧一致。事實上，它就是那個廣大的發心。覺悟之心原本就廣大、開放，而且體貼、仁慈。只有那野馬般狂亂的心所造成的混亂，以及執著於堅實的自我感所帶來的包袱，才會讓我們不斷地感到自己極為渺小與封閉。

　　真正的快樂是讓覺悟的心全然開放，如何才能達到這個境界呢？藉由發心。發心能讓人從迷惑與痛苦的困境中，找到一條通往智慧的道路。

第二章 ▍智慧與空性

　　我曾花許多時間在研讀佛經上。研讀本身是一種深刻的鍛鍊，目的是為了理解各種教法。就某方面來看，研讀就如某種戰略遊戲，需要永遠保持專注。

相對的真實

　　我有時會讀到古代大成就者描述的禪修主題，他們會談到如何修行、在過程中心所呈現的狀態，以及基於何種發心。我常思忖：「這一切聽起來真棒！」但在卷終往往會讀到：「以上所述並非修行的全貌。」接著，作者又詳述前面所提的一切現象，只是相對的真實。

　　修道之旅是一個遙遠的旅程，我們常以為已抵達目的地時，後來卻又失去我們的憑障，逼得我們只好不斷地超越，進入更深的洞見。

　　千萬別期待禪修成為你心靈的避風港，如果能夠循序漸進地禪修，在過程中的修行與理解，總會帶領我們獲得意想不到的進展。

　　透過將心安住於觀禪所得的真義，我們逐漸熟悉自己本具的智慧。當人的視野已擴展到前所未見的開闊境界時，智慧的力量將帶我們揚升到另一個更寬廣的世界。我們便是以這種方式，在禪修道路上精進不懈。在觀禪的每個階段中，我

們的內在會逐漸進入更深刻的了知。

結合當下覺知與「觀」，發展智慧

　　心能明白自己的行動，這方面稱為sheshin，意指「當下覺知」、「當下了知」。我們的心總是隨著關注過去與未來的各種念頭而起伏，以致失去對於當下的專注，然而，生命真正的體驗其實就在當下這一刻。

　　心的來去瞬息萬變，人的了知能力也是瞬息萬變，「當下」雖是短暫的剎那，卻具有了知的能力。它是個清新的時刻，是當下全然的參與。禪修訓練我們在令人敬畏的心的力量中，與當下所發生的一切完全融合。

　　當下覺知給予我們了知自己在做些什麼的能力，而「觀」則給予我們洞察它的能力。我們不再如以往只是漫不經心地到處閒盪、穿梭或陷入昏沉，以致無法覺察自己的生命。當下覺知的力量告訴我們，心如何感受、心體驗到什麼、禪修的品質，以及心如何運作等，而使我們覺察到念頭、情緒與觀念本身易變而虛幻的本質。

　　「觀」是一種超越的見解，將正知所見的一切呈現出來，它洞察現象，也洞察我們的心與混亂──包括所有遭遇的事物──並看清其本質與意義。

　　這時候，內在會發生驚人的轉化。這種結合「觀」反思能力的單純正知，便逐漸發展成為某種更深刻的元素，那就是智慧。

真正的智慧是親證的體驗

智慧是心靈自然的聰慧，這個詞代表「最好的、最高的、無上的了知」，它是明白事物本來面目的能力。在思惟諸如無常、人身的珍貴、菩提心等概念時，我們運用概念性的理解，來打開通往自己智慧的道路。

為了理解實相的真理，我們必須擁有不受預製的思惟模式完全控制的心，且須具備因渴求而生起真正慈悲的發心。我們的理解具有連續性和累積性，也就是對實相本質能不斷產生細微的洞察力，然後逐漸累積起來。例如，執持自我所產生的痛苦，以及安住於自己本然狀態中所感受的喜悅，都使我們打開心門，對他人的痛苦感同身受。

我們的相對智慧——因智——帶領我們超越「我」的概念，直接進入經驗的實相之中。這創造了非概念性理解的最後結果。

什麼是「非概念性的理解」？它就是直觀，能直接了知真理，無須透過理智或邏輯思辨，且超越思慮的範疇。我們假設自己未曾看過月亮，只是聽過別人描述月亮的種種，這時在心中便會描繪出某種概念性的圖像。如果有人在沙地上為我們畫一個月亮，會使月亮的影像變得更具體些，但它仍然只是個想法。

然後，在某個澄澈無雲的夜晚，我們看見月亮倒映在水中。雖然這個影像似乎更接近真實，但我們仍不明白月亮究

竟是什麼。最後，有人指向夜空，於是我們直接看到了月亮。如今，我們明白月亮是什麼了。

有人說「眼見為憑」，然而，非概念性的理解更超越信念。月亮本身超越文字、圖像、倒影與手指，這就是智慧帶領我們前往之處——超越。真正的實相無須概念的存在，而是超越了二元對立的分別。真正的智慧、了知，就是親證的體驗。這樣的了知無須透過「自我」這層濾網，親證的體驗即智慧本身——不生、不滅，也非靜止或流動。

智慧帶領我們超越概念性的心，一步一步地來發掘我們的本初善；也給予我們機會，瞥見宇宙之心的圓滿完整，那是與我們的心相同的本質。

堅實的自我在哪裡？

透過智慧，我們發現眼中所看到的一切，都沒有自體，但假相仍不斷地生起。我們的熱情生起，是什麼組成我們渴望的對象？那個讓我們上鉤的東西——某種感覺、一頓飯或另一個人，都是由某些部分所組成，而那些部分又可以無限地拆解。

當尋找某個堅實的自我時，它在哪裡？它存在於我們的感受裡嗎？禪修讓我們了解這些感受是多麼興奮。自我存在於身體內部嗎？在哪個部位呢？是手臂、腿部、頭部，還是在心裡呢？

我們完全無法在這些部位中找到自我，即使我們相信自己

就是這些部分的組合，但它們合起來之後，仍非實在的自我。對我們而言，還有比這些外表更真實的東西——心識。

心識以許多形式出現，它其實也不實在。有一種心識與色、聲、香、味、觸有關，所以我們知道自己感覺到什麼；還有一種是意識，其中有記憶、概念與夢境。這些記憶、念頭與夢境全都立基於感官知覺上，而感官知覺正是我們了解萬事萬物的工具。

透過智慧，我們明白這些形體並不實在。有種較具啟發性的佛教教法認為：「色即是空，空即是色。」

無實在的自我，只有五蘊

透過審察，我們也開始發現，「我」起初似乎非常實在，實際上它一點也不堅實。當剖析「我」時，在其中找不到任何東西，看清無我的實相是對甚深空性的初步了解。不過，我們確實仍然覺知到自我的存在，而這世界對我們而言，也是非常真實。

有人問佛陀：「若人沒有了自我，那麼在這裡跟你說話的人是誰？而我所看見的這個世界又是什麼？」佛陀回答：「你所見到的是積聚，是蘊——色、受、想、行與識。」佛陀將米放在地上，又說：「自我就好像這堆米，你看著它時，它似乎是一個完整的實體。當你再仔細地看時，它就分解成一顆顆的小米粒，而這些米粒還可以再加以分解。所以，表面上看來，事物都擁有色相，但實際上它們是空的。」

思惟佛陀的話語，或許只是讓我們能以概念為基礎，略微瞥見空性。我們或許不相信自己眼中所見，但是了悟的種子已經播下去了，這能逐漸鬆動我們自以為是的堅實感。這是智慧的開端，是心能真正看清事物真貌的開端。

智慧需要我們的參與和探尋，或許我們無法一下子體驗到自身的空性，但在思惟一段時間後，就有可能獲得肯定的結論，發現的確沒有「我」的存在。於是，智慧開始去釐清「我們是誰」或「我們不是誰」，以及我們的環境。

據說，在我們臨終時，這份甚深的了悟會自然生出，因為我們的身體雖漸漸崩解，但意識卻能覺知；原有的「我」已經朝著十方消失了。但假如我們現在便思惟空性，就無須等到臨終之際才能發現它。

禪修的目的，即是為我們的死亡與生命做好準備，它是與自己的智慧——對究竟真理的直接體驗，愈加融洽的過程。

智慧的本質是光明與空性

長久以來，我們都認為事物是存在而且真實的，但當開始真正審視事物，將它們解析到某種微細的程度時，就會看清楚，其中沒有任何東西存在。不論我們審視多少事物，都不會發現任何堅實存在的東西。究竟的真理是空性、真如，梵文稱為shunyata。

空性是我們一切經驗的基礎，這並非表示在某種相對層面上，萬物皆不存在，而是說事物並非完全如我們眼中所見的

那樣，它們都具有某種普遍存在的特性——空性。我們切莫誤以為空性是虛無主義或非實有，因為空性超越了存在，不存在，共同存在和不存在，非共同存在和不存在，這便是「ta shi trö trel」，意思是「從四個極端中解脫」。

這份空性與我們內在本具的智慧是不可分的，智慧心的空性具有光輝，所以智慧心的本質即是明空(luminosity empti-ness)。如同太陽光與其所照耀的無垠虛空無法分離，這真如(suchness)正是萬物的本質。它就是本初善——本然如是。此為覺悟者體驗世界的方式。不論我們是否能看清這事實，世間萬物都具有無法分割的光明與空性。智慧喚醒我們透視此一事實的能力，這能力帶給我們極大的喜悅或福祉。

修止、思惟自我、了解空性

智慧乃是知見與禪修遇合之處。知見就是我們的了解，修行則將它化為我們生命中的一部分。若我們想要了解自己心的安穩、清明與力量，就要修止；若我們想開始了解空性，便要思惟自我，並試著找到它。

這並不表示我們從調伏心進展到思惟，再一躍而進入非概念性的空性。我們並非向佛陀宣誓自己的忠誠，並準備一躍而入此境界。這是個溫和的轉化過程，修止能讓我們的心柔軟、調順，直到足以了解這些深奧真理的程度。我們愈精進修行，就愈能了悟到自己的立足之地——虛構的自我——其實一點都不像岩石般堅固。

透過修行與理解，這塊岩石逐漸瓦解。在我們發現空性的過程中，並不會躍入任何地方。不斷修行就如滴水穿石般，終究能瓦解那塊自我的岩石。在我們看清發生了什麼事之前，已經克服害怕墜落的恐懼。我們原以為，這世界存在著能讓人倚恃的立足之地，但現在才明白，出於這個單純的誤解而造成了何種痛苦。我們希望經由修行，能去除對自我的妄想。

看清輪迴的根源，生起慈悲

當然，執持自我是一種古老且根深柢固的模式，我們需要持續的勇氣和辛勤的努力，才能放下它。但事實上，不論我們執持不放或是揚棄它，自我都未曾存在過，就如海市蜃樓一樣。

在輪迴中，我們永遠無法找到真實的存在，在涅槃中也找不到。只要我們仍相信這種幻相，那就永遠無法達到圓滿，這其中總會有地方出錯。我們所期待的快樂，到頭來總是變成令人恐懼的痛苦。然而，從另一方面而言，智慧卻不受變化所影響。

我們運用智慧而更加熟悉實相的本質，看清輪迴並非某個地方，而是一種錯誤的知見——將實相僵化為某種概念的方式。我們看清這種思惟模式會帶來痛苦，從而生起慈悲，因為很明顯地，每個人都深陷迷妄之中，因而帶來非常多的痛苦。這份智慧與慈悲能讓人通往完全的覺悟，從那如夢似幻

的存在中覺醒，使我們對自己是（或不是）誰，以及身在（或不在）何處，獲得全然的了知與理解。

體驗實相的本質帶給我們極大的喜悅(raptu gawa)，親見真如本心的我們，明白覺悟是可能的。我們已登上山巔並綜覽全景，看到那美麗的湖泊和草原。回首來時路，望見遠方仍有人奮力地想攀上頂峰。如今我們也可以如佛陀這樣說：「如果我能辦得到，那麼每個人都能辦得到，我可以幫忙帶領眾生登上山頂。」這是勇士菩薩的渴望，也是覺悟社會的基礎。

第三章 ■ 在世界中的勇士

在我們談論覺悟的社會時，並非指某種烏托邦社會，其中每個人都是覺悟者。我們談的是一種人類的文化——這些人知道本初善的覺醒本質，且能激發出自身的此一能量，進而勇敢地推己及人。

本初善是眾生的根本

他們的動機結合了慈悲、愛與智慧，這種覺悟的態度是不受限的：它能調和且包容人生的浮沉盛衰。

為了與自己的本初善遇合，我們開始禪修。透過寧靜安住，我們學會如何無畏地安住於自己的本來狀態之中。我們看到覺悟者所看到的：本初善是眾生的基礎，也是萬物的本質；它是一種無法摧毀的續流，是具有無限面向的鑽石全息圖。

透過思惟便可發現到，正如寶石在陽光下閃耀著璀璨的折射光一樣，它的本身是空的。再繼續思惟下去，我們就會發現，這份空性不僅靈活，且是動態的，它是念頭、情感與知覺的活潑呈現，這就是光明。

當我們深深沉浸在事物的本來狀態中，就會體驗到本初善，而不會想要改變它們，菩提心就在那種柔軟狀態中自然地流動，這便是覺悟的心。我們藉由禪修去除對「我」的妄

見，而與禪修結盟。

駕馭風馬，與心結盟

現在，我們可以信賴禪修的能量，一如信賴一匹馬的能量一樣。這匹心靈野馬巨大的精神能量，已被調伏並匯聚到風馬身上，這是本初善最原始的能量，而今我們修習的關鍵在於如何駕馭牠。

我們稱牠為「風馬」，是因牠的本質是提升、強壯、精力充沛且明亮的。在牠奔跑之際，只見鬃毛飛揚。我在西藏時，看見風馬背上那穿著有如格薩王的勇士們，正如西藏史詩中的英雄。讓心成為盟友，使我們能在任何情況下，駕馭這匹活力四射的風馬；而駕馭這本初善的能量，猶如駕馭著太陽光芒般，永遠向上揚升。

在香巴拉佛教傳承中，我們稱它為「東方大日」(the Great Eastern Sun)①。我們所遭逢的萬事萬物，都閃耀著尊嚴與本初善的光輝。有了這樣的了解後，我們就開始為覺悟的社會奠定基礎了。

我們如何從這純潔無瑕的本初善之源，汲取生命的能量？如何從生命裡遇到的每件事當中，培養慈悲心？如何在這黑暗時期的荒瘠土地上，遍植菩提心的花朵？要達到這些目標，最迅捷且實際的方式就是，慢慢地放下對自我的執著，這是最易獲得風馬的時刻。

這一切可歸結到我最喜愛的一句俗諺：「如果你希望生命

過得悲慘，那麼只要想到自己；如果你想獲得快樂，就要想到別人。」這是我們落實覺悟之心的方法。

實踐六波羅蜜，勇敢地活在世間

當佛陀獲得覺悟之際，他以大地為證，後來他教導世人六波羅蜜——各種勇敢活在世間的方式，「波羅蜜」一詞象徵「到達彼岸」的過程。我們將自己的行為奠基於六波羅蜜，這樣便能不斷地超越利己而微渺的發心，邁向「東方大日」的神聖境界。

布施、持戒、忍辱、精進、禪定與智慧，都是勇士菩薩所表現的覺悟行為，也正由於般若的智慧，使勇士們得以覺悟，轉化他們傳統美德的生活方式，而超越輪迴的黑暗。智慧運用其他的波羅蜜來實踐菩提心。

這些行為的力量，幫助我們對於本初善感到更自在，支持我們安頓於自己本然的生命狀態中。它們也是彼此的助力——不斷地實踐布施的精神，能更加強我們鍛鍊不執著的戒律；這戒律使我們的心持續保持開放，以增長忍辱；具備忍辱，則讓人產生精進不懈的動力。

為了利益眾生而帶著歡喜心來實踐善行，便能增進禪修的力量。禪修的心使智慧更為敏銳，也更能看清事物的本來面目。智慧借助其他活動，讓最輕盈的菩提心不斷生起，它之所以輕盈，是由於缺乏以「自我」做為參考點的纏縛，這也給予我們幽默感。

第一波羅蜜：布施

最大的布施是愛與慈悲

　　布施是第一個波羅蜜，它是勇士菩薩的寶藏，因為它使我們不執著於自我，由於有顆柔軟的心，所以我們能放下。布施去除了我們的自我中心與消費欲望，這些東西遮蔽人性基本的良善，也削弱我們愛人的能力。

■ 放下以自我爲中心的慳吝

　　有時在修行中要展現布施的精神，並非易事。當試圖在心中生起愛與慈悲時，經常發現自己無法將愛心擴及到毫無血緣關係的人。即使處於熱中修行的階段，我們仍然很慳吝，心想：「我幹嘛要關心那些不相干的人？他們爲我做過什麼？」

　　我們是如此只爲自己，連祝福他人快樂都不願意，即使只是念頭或心意，我們都不想付出，且吝於給予。我們感到疑惑：「怎麼能只想到要幫助別人？」然而，當聽見有人正顧念著我們時，情勢頓然翻轉過來，心念產生極大的力量。

　　事實上，我們曾爲任何人做過什麼呢？不論在心理或物質上，我們不斷地攫取與消費，期望能獲得更多。生起愛與慈悲的美善，能驅使我們超越這個只圖一己之私的狹隘視野，縱然我們如此執著，但想像他人能體驗到快樂，便增強了我們放下的能力。

　　我們的心變得較爲輕盈，心中愈來愈清楚自己的嫉妒與貪

心的導引
Turning the mind into an ally
196

欲，其實都源於執著自我的習性。生起菩提心，是讓我們將執著轉化為布施的一個方式，它驅動我們開始去付出，而非只是接受。

▌到達彼岸，從善待自己開始

物質上的付出，是激發布施心最簡單的方式。施捨衣物、禮物、金錢、時間或食物，都能幫助我們去除執著，並創造一條通往愛與慈悲的管道，在付出的那一刻，其實是相當無私的。

我們也能送給別人溫暖的話語，給予他人安慰、同情、信心、勇氣與力量。在這樣付出的同時，甚至能產生更大的願望——「願眾生皆得利益」、「願我能供養全世界」，我們因此也擴充了自己的寶藏。

當我拜訪西藏村民破舊的家時，他們的熱情好客令我十分驚訝。這些人幾乎把全部家當都拿出來宴饗客人，包括照片、毛氈、陶罐、鍋子、犛牛與羊隻，他們這種毫無保留的布施極為真誠。他們非常期待我能收下供養，如果接受，他們就會非常開心。

但生活在物質豐盛的西方社會中的我們，有時卻在朋友造訪時，會先將自己愛吃的那盒巧克力藏起來。當看著市場中那排列整齊、鮮美欲滴的水果時，心裡只希望擋在前面挑水果的人別礙手礙腳，好讓我們能優先選擇。

有時我們連對自己都捨不得布施，雖然買了一件衣服卻捨不得穿它，心中不斷地等待著某個配得上它的特殊場合，結

果無盡的欲望徒然造成痛苦。

　　執持任何東西不放，其實也就是執持自我，而不願意放下。然而，到達彼岸的方法，就是要毫不猶豫地付出。雖然我們總是太過慳吝，不肯對別人付出，但我們可以從由自己的左手布施自己的右手某件禮物開始做起。

▎空性的布施

　　某次我與頂果欽哲仁波切在一起，有個生病的男子走進房間，希望仁波切能為他加持，好讓他康復。仁波切如同父親般慈祥地摟著他，並沒有做任何特別的舉動，他只是讓那個人明白一切都沒事了。

　　像這種愛與慈悲，才是我們獻給別人最大的布施，別人是否為我們做過什麼都無關緊要，我們還是可以獻上自己的愛與慈悲，這是可隨時隨地進行的。即使是跟他人眼神相遇時，我們仍能讓內心的真情流露。

　　最究竟的布施是在智慧的層面生起──了解不論是施者、受者，以及所施，都是清淨的、空的。這是最深刻的布施，因為其中沒有任何執著。

第二波羅蜜：持戒

戒律讓人擺脫無明的束縛

　　下一個超越習氣束縛的行為是「持戒」。戒律是勇士之眼，也是當下覺知親近的盟友。

分辨善與不善

藉由戒律之助，我們將心念持於本初善的見地上，也就是存在無瑕的基礎。我們的一切言行皆出自菩提心——這顆最溫柔、真誠的心，它了解在這片生命根基上翩然起舞的，有豐富與喜悅，也有無常與痛苦。戒律是一種長遠又寬闊的視野，它給予我們智慧，以超越欺偽、混亂的方式活在人間。

戒律能讓人看到善行與不善行之間的關係。在禪修中，我們看清楚，讓心專注於呼吸，或安住在某些字句的意義中，這有助於心的覺悟。

當我們陷在吵嚷不休的內在雜音之中，會變得恐懼而無法專注；當看不見心中的愛與慈悲時，我們將變得慳吝、易怒。戒律讓我們擺脫無明的束縛，多少可以做些自己想做的事情。

學習該接受或拒絕什麼

當努力持戒而不斷地禪修時，我們的心會愈來愈增強。在戒律的約束之下，我們得以放鬆。

例如，有天我和朋友傑夫一起打高爾夫，他是個文雅的玩家，這天他卻似乎非常在乎自己的球技，他愈是費力猛擊，揮桿的成績就愈慘。

他那天的球實在打得很糟，我試著跟他談談他的揮桿，強調高爾夫是一門有關形式、優雅，以及小白球能飛得多遠的技術。

當我們進行到第十三洞時，我對他說：「你的揮桿實在有

夠糟，看在我倆友誼的份上，我打算幫你一把。如果你讓我助你一臂之力的話，我願意讓你一球。」於是我調整他擊球的位置、握桿時雙手的角度，以及他的姿勢。他說：「這樣感覺不自在。」我告訴他：「站在小白球前，就照著我的話去做吧！」

他往前一步，站好位置，揮桿，擊球，然後說：「那種感覺真好。」這球打得非常漂亮，大約飛了一百七十五碼，又掉回草坪上，然後就進洞了。傑夫說：「這招管用，真的很管用呢！」這便是戒律的力量。

我們運用戒律的力量，經由決定現在該做或不該做什麼，好為將來做準備，這是在學習該接受或拒絕什麼。我們愈來愈能分辨善與不善之間的區別，也愈能看清輪迴的本質及其陷阱。透過修行使我們的心堅定，而不致受到誘惑，淪為負面情緒或甚至消極悲觀之心的囚徒。

▊ 讓知見與行為和諧一致

我們知道負面行為只會帶來更多痛苦，而應將心轉向追求菩提心與智慧。

透過戒律，我們逐漸明白如何在業力的範疇中運作自如。戒律審視每一種情況，並問：「這是什麼行為？結果又是如何？」

我們運用戒律累積各種良善的特質。寧靜安住是善；散發愛與慈悲的光芒是善；了解無常、空性、業力與輪迴是善；依六波羅蜜而安住也是善。我們依這個善的準則而生活，便

能了悟到，只要讓自己的知見與行為和諧一致，就是不斷朝向覺醒之路邁進。所以，我們斷除所有負面的，並累積正面的思想與行為。

戒律是為覺悟的行為預留空間，它明白我們何時會有自私行為，何時又能無私地付出。它了解我們的作為所遭遇的障礙，並運用適當的對治之道。對這個世界的勇士菩薩而言，最基本對治消極的方法，就是散發出愛與慈悲的熱力。

第三波羅蜜：忍辱
忍辱是克服憤怒與侵犯行為

忍辱建立在持戒的基礎上，是我們的鞍座。能修忍辱，並不見得就等同於在日常生活中能耐心地候診、等公車或等候班機。對勇士菩薩來說，忍辱代表的是克服憤怒與侵犯行為，這兩者對於覺悟之心而言具有危險性。

▊ 憤怒會摧毀愛與慈悲
在憤怒中，我們變得全然地耽溺、受束縛、陷身於我們的怒氣當中。憤怒經常引發行動，使我們有殺害他人的衝動，導致於摧毀他們發現覺悟之心的機會。

即使忍住了發怒的行為，但憤怒仍有力量消解我們的風馬，並且摧毀愛、慈悲、智慧、布施、持戒、精進、禪定與般若。所以，我們應安穩地待在忍辱的馬鞍上，以對治侵犯的行為。

藉由禪修，我們讓心專注於禪修所緣的對象，以訓練忍辱。然後在日常生活中，當憤怒生起的剎那，我們便能控制自己的言行，不會憑一時衝動而跳出來，猛烈攻擊對方或做出激烈的舉動。

▎不抗拒實相的本質

如果真正努力修習忍辱，那麼即使在怒氣爆發時，仍能學習讓愛與慈悲生起。這是有可能做到的：在我們即將要發怒的那一刻，藉由戒律，使我們得以看清正在發生什麼事，進而將心轉向覺悟。縱然只是短暫這麼做，卻對我們的修行產生極大的助力。

忍辱表示不去抗拒實相的本質。我們有強韌的毅力讓自己安坐在馬鞍上，堅守遠大的視野與理想。我們不在意必須跋涉無常之河，而是享受越過空性大平原的喜悅，即使身處困境之中，依然滿心歡喜。只要世間每個人都能實現覺悟的心，我們願意為了眾生的福祉而努力。

第四波羅蜜：精進

精進是願利益眾生的喜悅

從忍辱中會產生精進，它是堅不可摧的盔甲，閃爍著喜悅的光芒。我們藉由將風馬給予他人，以精進來慶祝人性基本的良善，能做到這點，是因為我們已克服了懈怠。

▌以無憂無慮的歡喜心修習精進

我們不再懼怕修習菩提心，因為內心已然了解自己是誰。以無憂無慮的歡喜心修習精進，猶如滿身灰垢的大象，在大熱天急著跳進水塘中消暑。這隻大象無論如何都會跳入清涼的水塘中，我們感受到的那股狂熱，正是我們想要付出自己，以利益眾生的決心。

生起菩提心是一種持續喜悅的狀況，我們迫不及待地期望它再度生起。如果我們是這世間唯一能生起愛與慈悲的人，那麼便應懷抱無畏的歡喜和愉悅來生起它們——直到生命結束。我們幫助他人的願望如此強烈，即使只是能幫助一個孩子在課堂上更勇於發言，我們都願意欣然勇赴地獄。

為什麼我們能如此快樂？因為我們已擺脫「我」的束縛。原本一心追求讓「我」得到快樂，結果只導致痛苦；而致力於他人的幸福，則帶來無限的喜悅。修習菩提心並非因為它能帶來什麼好處，而是因為它讓我們明白本初善中活潑的空性與明性的真理。

▌勇士菩薩散發愛與慈悲

當我們了知這真理，那麼擴充愛與慈悲的心，便是我們自然而然會去做的事，我們不再於實相的潮浪中溯游抗拒，這是身為勇士菩薩最基本的行為。將愛的熱力散發出來是純真的坦率，顯現慈悲的清涼則令人感到舒慰，執持某種堅實、單獨存在的自我妄見，則是煩冗的重擔——這是徒勞無益又無法滿足的苦工。我們在修習菩提心時，不再尋求任何能逃

離的漏洞。

然而，我們仍必須運用常識。先照顧好自己是十分重要的，猶如置身正在墜落的飛機上，得先戴好氧氣罩，才能去協助旁邊的人。此外，我們不應承擔過於艱鉅的任務，以致最後無法完成。

例如，每年我到印度讀書時，與我同行的那些人在見到當地的貧窮與落後時，往往感到震驚不已。那悲慘的景象，讓他們感到極度絕望、焦慮——我們該如何幫助這些貧苦的人呢？驟然進行太過龐大的行動，容易讓人感到沮喪，或許我們應先從某個人或某個家庭著手做起。

當我們要採取悲憫或仁慈的行動時，能貫徹始終是非常重要的。之後，我們再慢慢地擴大下一項任務的範圍，整個過程或許並非盡如人意，但我們絕不放棄。如今我們已然看清，其實每個行動都是加速覺悟之心邁向成熟的機會，而且我們是真心想要在解脫之路上前進。這個精進的盔甲，也是喜悅的盔甲。

第五波羅蜜：禪定
禪定幫助身心重獲平衡

下一個波羅蜜是禪定，意指「完全專注」。藉由騎著這匹馬，我們不斷地剝除自我，並揚棄自私之道，而這份去除我執，以及永遠斷除輪迴的決心極為堅定。我們對這永無止盡的痛苦循環非常熟悉，而這份痛苦是源於我們誤認為自我是

真實的,且企圖滿足它。

我們決心審視讓自己身陷輪迴纏縛的各種情況,絕不讓自己忘記輪迴中根本毫無快樂可言,我們全心致力放下「我」的妄見。

如果因一時私念而不慎落馬,禪定波羅蜜也會立即幫助我們重獲身心的平衡。我們是經驗純熟的騎士,能依著馬兒前進的律動而取得平衡。

我們忠誠地邁向勇士之路時,內心完全專注一境。本初善的心就是我們的盟友,運用其所具有的力量與清明,帶著菩提心的開放胸懷,使我們得以破除迷惑與痛苦的黑暗。

菩提心猶如照耀在高山上的陽光般,籠罩著我們;而內心生起愛與慈悲,則是我們在面對任何處境時最自然的回應。我們明白朝向「東方大日」的智慧前進,是去除輪迴的最佳之道。

第六波羅蜜:智慧

智慧之光照破存在的幻相

去除輪迴的能力,帶領我們到了下一個波羅蜜——智慧,這是最高境界的了知。

智慧是把雙面刃,它來自於禪修的體驗。智慧閃爍著本初善大日的銀光,映照出萬物無瑕純淨的本來面目。了解實相之真貌的心,正猶如一道雷射光,銳利而又充滿力量,僅僅憑藉這智慧之光,便能讓我們從存在的幻相中解脫。

智慧破除迷惑與無明的高牆，讓它們成為廢棄物。它也燒盡混亂、嫉妒、憤怒、自欺、猶豫與懷疑的無明草——這些使我們的知見、禪修與行為全部僵化的習氣。智慧之光看清事物的本來面目，並照亮讓眾人得以解脫的道路，使人們從黑暗與痛苦的迷惑中清醒過來。

這把智慧之劍，是勇士菩薩最究竟的武器。

有菩薩勇士，就有覺悟的社會

布施、持戒、忍辱、精進、禪定與智慧，讓我們的心好像那尋求陽光的花朵般，不斷地朝向覺悟，而帶來心靈真正的喜悅。我們的心愈是覺醒，便愈能產生與眾生同體的連結感，也愈希望幫助別人同獲心靈的自由。

我們應如何去幫助他人？應如何去幫助他人看清自己的本初善，學習去碰觸那受傷而未癒合的心(broken open hearts)？應如何引導別人尋求覺悟之心？佛陀曾運用牧羊人放牧羊群，來譬喻追求菩提心的動機。這譬喻或許不是非常實際——我們自己尚未完全獲得證悟前，如何能鼓勵別人追求此一境界？

不如將自己視為莊嚴、優雅、富麗的，騎著風馬的勇士國王與皇后，可能還比較實際一些。我們可將六波羅蜜視為覺悟行為的道德準則，運用這些特質來與他人互動，這就是我們用來激勵他人發現自己的本初善，以及鼓勵他們遵循勇士之道的方法。

這就是我們幫助他人的方法，我們的出發點猶如那位牧者，但所採取的方式卻是效法擁有愛、睿智與慈悲的領導者。如果都遵循這份準則，那麼覺悟的社會就指日可待了。

踏上勇士菩薩的修道之旅

在日常生活中，我們應時刻謹記這個意象，那就是不論在高速公路上開車、在辦公室裡忙碌、與朋友共進晚餐、幫小孩換尿布，或是在看電影，都可以想像自己高坐在忍辱的鞍座上，正騎著這匹禪修之馬。我們的雙眼是持戒之眼，靠近心臟的部位是布施的珍寶，精進的盔甲正保護著我們，我們的右手緊握著閃亮的智慧寶劍。乘著「東方大日」的萬丈光芒，我們勇敢且永無止盡地為眾生謀求福祉。

我們有心做為盟友，再加上這份覺悟行為的準則，服務眾生既是我們的責任，也是我們的喜悅。這並非表示我們應該逆來順受，而是能看清在每種情況中，該採取何種最善巧方便的行動，這才是覺悟之心的展現。

生起愛與慈悲，正是使生命的花朵全然綻放的力量，我們若不朝此方向精進，便是在加深痛苦的循環——年復一年重複進行同樣自私的事情，讓生命愈加接近死亡。這是浪費時間，也是浪費風馬的潛能。當我們生命的目標只是著眼於自利時，那麼生命力便會自然地萎靡不振了。

我們應如何避免浪費生命？答案是，可藉由日常生活的禪修，以及隨時喚起覺悟的本質。每當感到挫敗或沮喪時，就

想像有匹馬兒在美麗的大草原上奔馳，這幅景象能帶給我們力量，使我們感到輕盈自在，更堅信世間沒有難成之事。這個極關鍵的力量就是「風馬」，我們永遠都有機會在此時、此地培育牠。我們安穩地騎在風馬上，這正是我們成為生命的國王與皇后的途徑。

踏上勇士菩薩的修道之旅，始於擴大我們的發心，願為眾生謀福祉的基本態度。這便是對於黑暗時期的單純回應，讓我們盡一切努力，現在就開始努力擴展自己的愛與慈悲——就在今天，不要拖延到明天。

我們藉由培養勇氣與信心，以及維持遠大的眼光和目標，便能享受創造祥和環境與覺悟社會的喜悅。這項任務不見得如此艱鉅，先從審視自己的生命開始，看看能做些什麼，然後便一步一腳印地去做。愛是解救一切的恩典，那位在你心中的佛陀起身說道：「縱然舉世昏暗，我仍有此明珠。」

譯註

① 東方大日(the Great Eastern Sun)：「東方大日」是一種生活態度，有三個特質：（一）由於同時經歷悲喜，我們散發祥和自信；（二）了知如何取捨，而照亮戒律之道；（三）由生起悲喜，知如何取捨，而能恆久治理身、語、意三界。詳見《東方大日》（橡樹林出版），頁138-143。

【回向文】

願以此功德，令眾生皆證得無上智慧
願以此擊潰不如法行為之宿敵
從生、老、病、死的駭浪
從輪迴的大海中
願我能解脫一切眾生

憑藉那金色東方大日之完全信心
願歷代香巴拉國王的智慧花朵，在其蓮園中燦然綻放
願眾生的黑暗無明悉皆盡除
願眾生永享深徹明亮的光輝

禪修的準備

　　要維持規律且持續禪修的最佳動力，是來自於我們對這活動的喜愛。若事前有周詳的準備，使禪修成為生活中規律的一部分，它就會變得如喝水般自然。所以，在靜坐前，我們要先審視自己的生活方式，並為禪修做好準備功夫。

具備溫柔與明確的精神

　　禪修的基本前提是：「不太緊，也不太鬆。」我們可將溫柔與明確的原則，運用於禪修的所有面向。若缺乏明確性，就無以建立堅實的內在環境，讓禪修成長發展。所以，我們建立例行的禪修練習，持之以紀律，並遵守教法。

　　此外，過程中若缺乏溫柔的精神，禪修就會變成另一種只是企圖符合完美典範的無謂追尋。

　　所以，我們騰出時間與場地來禪修，尊重各種主、客觀條件的限制，適當地放鬆自己的身心。別期望凡事都要很完美，或拘泥於教法的細節，這點相當重要。具備溫柔與明確的精神，禪修就能帶給我們喜悅。

　　開始禪修，提供我們一個很好的機會，來思惟自己如何運用時間。

　　我們所做的事情當中，有多少是重要且是真正必要的？禪修的障礙之一是，我們的精神分散在太多瑣碎的事物上。什

麼事讓人筋疲力竭？什麼事又讓人獲得滋養？是否有些活動可以延後或者根本不必做？剛開始時，先做一番自省將有所助益。

當下覺知能為修行的強烈決心奠定基礎。調伏心並非某種嗜好或業餘的活動，它是生活中最重要的活動，甚至能有助於改善我們承受壓力的情況，因為調伏能使我們的心清明、寧靜與堅毅。所以，當需要簡化自己的生活來配合禪修的同時，禪修帶給我們的好處正是讓生活更單純化。

建立固定的禪修時間

下一個步驟是為禪修建立某種基礎規則。你何時進行禪修？在什麼地方進行？

有些人習慣晨間禪修，有些人則覺得在夜間效果較好，也有些人發現一天之中進行兩次短時間靜坐，效果也不錯。你要嘗試在不同時段靜坐，直到發現最適合自己的時間，一旦決定某個固定時段，就堅持下去。這樣便是養成日常禪修節奏的方法，建立固定的禪修時間，使你免去必須每天做計畫的麻煩。

你也無須擔心休息時間的長短，如果你決定禪修二十分鐘，那就在這段期間好好坐著，除非房子著火，否則保持如如不動。你可以使用計時器，如此便能放心地修習，無須老想著時間到底過了多久。

持之以恆最重要

　　成功的禪修是持之以恆地修習。不論是修止或修觀，最好的方法是每次進行短程靜坐，但要持續一段很長的時間。每日進行數次靜坐，每次約十到二十分鐘，如此終生維持下去是很好的。當然，我們可以隨時進行較長程的靜坐，但與其偶爾幾次長時間靜坐或最後完全放棄，最好還是採取長時期的短程靜坐。

　　對於大多數人都有效的訣竅是，每日進行數次短程靜坐。在每天的開始或結束時，都做一下短程靜坐，這對於穩定心靈極有助益。如果你無法保持每天靜坐的習慣，而決定每週進行兩次或三次靜坐的話，那麼持之以恆是很重要的。要順應你的作息時間來進行禪修，當時間較不充裕時，縮短靜坐時程即可。

　　若你只是心血來潮地禪修，偶爾做為期一天的長程靜坐，之後卻整個月都不碰蒲團，這樣根本無法享受禪修。這種方法只是一時狂熱，而且令人疲累，就如費勁地在花園裡挖個大洞，然後半途而廢一樣，等下次靜坐時，一切又得從頭再來。這種猛烈衝刺的禪修方式，既不舒適又令人痛苦，因為它無法如常態性的修習般，達到逐漸增強的效果，我們得不斷地重新開始。

　　因此，我們必須持之以恆地鍛鍊自己，規律地進行短程靜坐是較為溫和的方法。人們停止禪修最常見的理由之一就

是，他們無法有效地運用時間。

為修行創造適當的環境

不斷企求最完美的修行環境，對我們而言也是種阻礙。我有個學生在二十多歲時開始禪修，那時他很嚴謹地每天規律靜坐一小時。之後，他因事業發展，日益繁忙，無法再按照以往的生活作息，便荒廢了修行。他告訴自己，等生活較為穩定，就能再開始靜坐了。但他後來結了婚，有自己的家庭，想要跟以前一樣每天規律靜坐一小時，卻變成了更遙不可及的夢想。

這學生不採取縮短靜坐時間、讓修行與生活配合的方式，反而陷入迷思，以為可以創造某種完美的生活方式，來配合期望中更長時程的靜坐。結果是，他有相當長的時間完全沒有練習靜坐。

有件事你能辦得到，那就是為修行創造適當的環境——一個舒適、安靜又整潔的地方。在你的房間裡，找個令你覺得神清氣爽又安全寬敞的隱密角落，將禪修用的蒲團或坐墊放在這裡頗為合適，那就是非常理想的地方。

若是你對儀軌情有獨鍾，那就放一張小桌子，擺上蠟燭、花朵、薰香與圖片——凡是能激勵你的東西都可以，然後面對它們靜坐。

但再提醒你一次，不要陷入創造完美禪修環境的迷思中。有些住在城市的人，常跑到深山裡尋求寧靜，以為這樣有利

於禪修，結果卻發現山中的蟲鳴鳥叫竟如此擾人。

重視外表與周遭環境的整潔

我十幾歲時，曾跟隨烏根·雪彭(Ugyen Shenpen)喇嘛學習數種法門，以及密集的研讀。烏根喇嘛是我的老師之一，在我們進行密集禪修時，雖然禪修營所在位置是人煙稀少的深山陋屋，但老師總是堅持在清晨時分，大家就必須仔細梳洗並穿戴整齊。

老師雖只是將他從西藏偉大上師們那裡學到的知識與方法傳承下來，但他讓我們明白，照顧好自身與禪修環境的重要性。重視外表與周遭環境的整潔，保持最基本的尊嚴與莊重態度，將有利於禪修。

在西藏與許多佛教國家，不論喇嘛、比丘或尼眾都是穿著僧袍。但僧袍在西方社會中，可能是一般所謂低水準的服裝。佛陀教導弟子要以莊重之心穿著僧袍，還特別要求僧袍必須對稱縫邊，且要整齊合身。

佛陀教導弟子一個人穿著整齊——即使身著僧袍——其實這也是尊重教法、他人與自己的一種表現。我要再一次強調，這是關乎尊嚴的事，將自己呈現在他人面前，外表應當讓人看得舒服。我們以這種方式，表達對自己的身體與修行的尊敬。

藉瑜伽使身體柔軟

這種振作精神的態度，也同時運用在照顧自己的身體上。我們都了解心如何影響身體的運作，反過來說，人們卻較少思考身體對於心的影響力有多大。如果你的身體正處於飢餓或痛苦狀態，那麼心就很難平靜下來，身心必須和諧一致才行。身體的開放與柔軟性，也能激發內心產生同樣的特質。柔軟的身體，有助於我們靜坐的維持。

瑜伽是開發身體能量與柔軟度的一種傳統而有效的方式。當我們在印度參加禪修營時，有幸能跟隨當代的瑜伽大師帕他畢・喬依斯(Pattabhi Jois)學習瑜伽。他教導我們在靜坐之前，先做瑜伽體位法的好處，這是讓人安住在禪修中最快速的方式之一。

我在坐下來之前，都會先花點時間伸展肢體。當然，瑜伽雖然令人身體放鬆和充滿能量，但它無法取代正式的禪修。它們是兩種不同的練習，即使是在古印度教的系統中，練習各種體位法的目的，向來都是鍛鍊學生，為他們的心與長養智慧做準備功夫。

修習武術、太極、氣功，或只是做些規律的運動，都是禪修前極佳的暖身方式。當然，注重內在能量與意識的傳統戒律，在修習止觀方面，具有較多的共通性。因此，在香巴拉社區中，我們有一套自己的瑜伽和西藏的身體訓練系統，飲食合宜也是另一種有助於修行的方式。

了解自己的感受與想法

禪修中發生的所有事情都源自於日常生活，要是今天過得十分忙亂，就得將這點列入考量。當我訓練馬匹時，不能貿然闖入馬廄，逕自將馬兒牽往跑馬場，然後開始訓練牠。我必須細心體會那匹馬兒當天的感覺，牠是否看來有些疲累？牠的頭是否下垂？耳朵是否向後翻？尾巴擺動的情形如何？這匹馬兒是想要跟我親近或疏離？

同樣地，我們必須理解到，就修行而言，今天的情況跟昨天總是會有些微差異。

在禪修之前，心要做好的準備工作是，先短暫地沉澱一下，了解自己的感受是什麼。這就像在騎馬前，我們總先退後幾步，仔細端詳馬兒一樣。

既然我們的感覺隨時在變化，那麼修行也需要隨著調整。對於自己的需求，要心存慈悲與誠實來面對，同時運用必要的紀律。

例如，當你感到心浮氣躁時，那麼靜坐前不妨先到室外慢慢地散步，讓心情緩和下來。如果昏昏欲睡，那麼在靜坐前可先沖個冷水澡，或讀一些禪修方面的書籍，提醒自己修行的目的。

在即將展開靜坐前，也必須留意自己在想什麼。如果剛從辦公室回來，或剛跟他人起爭執，然後就直接坐到蒲團上，那麼整個禪修期間，很可能只做到讓心稍微沉澱的程度，甚

至連禪修的目的都記不得了。

　我們要學習放下某些事情，就如上床睡覺，要是你想裸睡，就得先脫掉所有的衣物才行。如果睡覺時還穿著外套與鞋子，你會感到不舒服。在禪修時，在坐下來之前，要儘量放下一切。大部分的時候，我們在平常的環境中，已有夠多令人心煩的事要處理了。

摒除外緣，放鬆身心

　這裡有個有效的運動方法，可提供你在靜坐前做一下身體上的「準備工作」。先將雙手輕鬆置於身體兩側，眼睛半閉或完全閉上。引導你的注意力從腳底逐漸向上升至頭頂，碰到緊張或有壓力的部位時，就停下來，吸氣進入這些部位，讓其處的緊張和壓力消解。

　覺察身體在空間中的位置，感受腳下的大地的支撐力量。透過鼻子的深呼吸，將壓力、不安、緊張都呼出去，覺察身體所有的反應。這個運動使人身心調和與放鬆，而不至於在匆忙狀態下進行禪修。

　所有這些準備工作的重點其實很簡單──當坐下來禪修時，必須將所有的外界活動統統摒除。我們明智地選擇時間與地點，以減少令人分心的事物。在靜坐前，先準備好放鬆身體，也讓心儘可能地單純與專注。

　這一切的動作，都要以溫柔、明確的態度進行。但是請記住，這只是準備工作，並非真正的禪修。如果你想製造各種

理想的條件，那可能永遠都無法開始禪修。有時你只要坐下來，開始禪修就可以了。

禪修的姿勢

一、背脊要挺直，維持自然的弧度。

二、雙手置於大腿上。

三、兩臂與肩膀放鬆。

四、下巴稍微往內縮。

五、雙眼半閉。

六、臉部與下顎自然放鬆。

七、若坐在墊子上，兩腳腳踝稍微交叉。

若坐在椅子上，兩腳則安穩地踏在地面上。

觀禪的教導

一、專注於呼吸上，讓心平靜下來。

二、覺得自己準備好時，讓某些念頭或意向以字句的方式
呈現。

三、將這些字句當做禪修所緣的對象，當分心時，不斷再
回到這個對象上。

四、思惟這些字句的意義，幫助自己對它們的意義生起由
衷的感受。讓心中出現影像與想法，以彰顯出這些字
句的意義。

五、當這些字句的意義開始滲透到內心時，便拋開字句，
安住於意義之中。

六、在意義滲透到心的過程中，要愈加熟悉它。

七、結束此階段的靜坐並起身時，內心應謹記這些意義。
「意義」是心的直接體驗，不受字句的束縛。

八、現在進入將思惟所得的知見，熱切地實踐於生活中的
境界。例如，如果你不斷思惟人身的可貴，你的思惟
便會充滿感激。

禪修機構資訊

以下提供與本書所述有關的禪修機構、禪修資訊：

香巴拉禪修機構

Shambhala International

1084 Tower Road
Halifax, NS
Canada B3H 2Y5
Phone: (902)425-4275, ext. 10
Fax: (902)423-2750
Website: www.shambhala.org. This website contains information about the more than 100 centers affiliated with Shambhala.

Shambhala Europe

Annostrasse 27
50678 Cologne
Germany
Phone: 49(0)700 108 000 00
Website: www.shambhala-europe.org
e-mail: europe@shambhala.org

Karmê Chöling

369 Patneaude Lane
Barnet, VT 05821
Phone: (802)633-2384
Fax: (802)633-3012
e-mail: karmecholing@shambhala.org

Shambhala Mountain Center

4921 Country Road 68C
Red Feather Lakes, CO 80545
Phone: (970)881-2184
Fax: (970)881-2909
e-mail: info@shambhalamountain.org

Dechen Chöling

Mas Marvent
87700 St. Yrieix sous Aixe
France
Phone: 33(0)5-55-03-55-52
Fax: 33(0)5-55-03-91-74
e-mail: dechen-choling@shambhala.org

Dorje Denma Ling

2280 Balmoral Road
Tatamagouche, NS
Canada B0K 1V0
Phone: (902)657-9085
e-mail: denma@shambhala.org

Gampo Abbey

Pleasant Bay, NS
Canada B0E 2P0
Phone: (902)224-2752
e-mail: gampo@shambhala.org

Naropa University

2130 Arapahoe Avenue
Boulder, CO 80302
Phone: (800)772-6951
Website: www.naropa.edu
〔那洛巴大學(Naropa University)是北美唯一受到鑑定認可的佛教大學〕

薩姜米龐仁波切的訊息

薩姜米龐仁波切的相關資訊，包括他的教學課表和照片都可透過他的網頁得知：
www.mipham.com

薩姜米龐仁波切的教授和講習會之影音檔，可透過下面提供的資訊得知：
Kalapa Recordings
1678 Barrington Street, 2nd floor
Halifax, NS
Canada B3J 2A2
Phone: (902)421-1550
Fax: (902)423-2750
Website: www.shambhalashop.com
e-mail: shop@shambhala.org

相關期刊雜誌

Shambhala Sun
P.O. Box 3377
Champlain, NY 12919-9871
Phone: (877)786-1950
Website: www.shambhalasun.com
（*Shambhala Sun*是一個由邱陽‧創巴仁波切所創立，目前由薩姜米龐仁波切所指
導的雙月刊。若需要訂閱，可直接聯絡。）

Buddhadharma
P.O. Box3377
Champlain, NY 12919-9871
Phone: (877)786-1950
Website: www.thebuddhadharma.com
（*Buddhadharma：The Practitioner's Quarterly*是一個具有深度且定位清楚的期刊，
提供有關於所有佛教教義的研究。需要訂閱或簡單的複本，可直接聯絡。）

國家圖書館出版品預行編目資料

心的導引／薩姜米龐著；周和君譯－－初版.
－－臺北市：橡樹林文化出版：家庭傳媒
發行,2004[民93]
　面；公分.－－（善知識系列；20）
譯自：Turnig the mind into an ally
ISBN 986-7884-33-7（平裝）

1.藏傳佛教－修持

226.966　　　　　　　　　93019124

善知識系列　JB0020X

心的導引

作者	薩姜米龐仁波切（Sakyong Mipham）
譯者	周和君
特約編輯	釋見澈、顏莉、蔡雅琴
封面設計	黃聖文
內頁版型	舞陽美術‧吳家俊

總編輯	張嘉芳
編輯	丁品方
業務	顏宏紋
出版	橡樹林文化
	城邦文化事業股份有限公司
	104台北市民生東路二段141號5樓
	電話：(02)2500-7696　傳真：(02)2500-1951
發行	英屬蓋曼群島商家庭傳媒股份有限公司城邦分公司
	台北市民生東路二段141號2樓
	書虫客服務專線：（02）25007718；（02）25001991
	24小時傳真專線：（02）25001990；（02）25001991
	服務時間：週一至週五上午09:30-12:00；下午13:30-17:00
	劃撥帳號：19863813；戶名：書虫股份有限公司
	讀者服務信箱：service@readingclub.com.tw
香港發行所	城邦（香港）出版集團有限公司
	香港灣仔駱克道193號東超商業中心1樓
	電話：(852) 25086231　傳真：(852) 25789337
	Email：hkcite@biznetvigator.com
馬新發行所	城邦（馬新）出版集團【Cité (M) Sdn. Bhd. (458372U)】
	41, Jalan Radin Anum, Bandar Baru Sri Petaling,
	57000 Kuala Lumpur, Malaysia.
	電話：(603) 90578822　傳真：(603) 90576622
	E-mail：cite@cite.com.my

印刷	韋懋實業有限公司
初版一刷	2004年11月
二版四刷	2020年9月

ISBN 986-7884-33-7
售價240元
版權所有‧翻印必究（Printed in Taiwan）
缺頁或破損請寄回更換。